어른살이를 위한 진짜 교양,
부동산 유치원

어른살이를 위한 진짜 교양, 부동산 유치원

초판 1쇄 발행일 2019년 5월 15일 • 초판 2쇄 발행일 2019년 12월 15일
지은이 하선, 효연 • 감수 장성대
도움 감하늘(큐브중개법인 대표), 원혜현(더바른중개법인 전 대표)
펴낸곳 (주)도서출판 예문 • 펴낸이 이주현
등록번호 제307-2009-48호 • 등록일 1995년 3월 22일 • 전화 02-765-2306
팩스 02-765-9306 • 홈페이지 www.yemun.co.kr

주소 서울시 강북구 솔샘로67길 62 코리아나빌딩 904호

어른살이를 위한 진짜 교양

부동산
유치원

하선, 효연 지음
장성대 감수

처음에 책을 받아보았을 땐 의아했다.

저자는 부동산 개발을 업으로 하는 전문가이다.

그런데 난데없이 '부동산 교양서'라니?!

이 같은 의문은 책을 일독한 후에 눈 녹듯 풀렸다.

이 책은 부동산을 단순히 돈을 버는 수단으로만 바라보지 않는다.

우리 삶의 '중대한 선택'으로 부동산 거래를 인식하고, 권리와 자산을 지키는

'핵심적인 실용 교양'으로 부동산 지식을 알려주며, 꼼꼼하게 살피고 따지며

가치를 발굴해야 할 '상품'으로 부동산에 관한 인사이트를 준다.

기존에 없던 접근법에 신선함을 느꼈고, 20~30대 후배들을 위한

진심이 담긴 콘텐츠에 감탄했다. 특히 실제 자취를 하는 청년,

집을 구하는 신혼부부들에게는 분명히 도움이 될 책이다. 걱정되는 것은

부동산 코너에서 이 책을 발견하고 좋은 투자정보가 없을까 펼쳐본

독자라면 실망하리란 점이다. 부디 저자의 진심이 독자들에게 전해져 많은

청년 독자들에게 널리 읽히기를 바란다.

● ● ● 서학수 더웰스인베스트먼트(주) 대표이사

근 몇 년 사이, 청년들을 대상으로 한 부동산 사기 범죄에 관한 뉴스가
적잖이 들려온다. 그런 기사를 읽으면 안타까운 마음이 든다.
가계자산 중 부동산이 70%에 달하는 나라가 우리나라이다. 그런데 그
누구도 부동산을 제대로 가르쳐주지 않는 것이다.
그렇다 보니 중개 애플리케이션의 정보만 보고 위험천만한 직거래를
행하거나, 공인중개사에 전적으로 의존해 계약서에 사인을 한다.

더 이상 이래서는 안 된다. 나 자신과 소중한 가족, 그리고 자산을 보호하기
위한 기본적인 교양으로써 '부동산'이란 과목에 접근하고,
어려워도 공부해야 한다.

이 책은 그 같은 공부의 첫걸음을 뗄 수 있도록 도와주는 친절한 안내자와
같다. 최대한 쉬운 말로 편하게 읽히도록 노력한 저자의 배려에 박수를
보낸다. 주변에 대학생과 사회초년생, 젊은 신혼부부가 있다면 꼭 한 번
읽어보라고 권하고 싶은 책이다.

● ● ● 김재용 부동산학 박사, CCIM, CPM, 탐스자산관리(주) 대표이사,
전 사단법인 상업용부동산투자분석협회 회장, 전 인하대 정책대학원 부동산학과 겸임교수

2034의 부동산 공부는
달라야 한다

부동산 공부, 하면 바로 투자 공부를 떠올리기 쉽습니다.

그러나 부동산 = 투자는 아닙니다.

앞으로 경제 구조가 바뀜에 따라 더더욱 그럴 것입니다.

이 사회에서 살아남기 위한 생존 상식, 사회인의 기본 교양으로써

'부동산 공부'를 다시 정의할 때입니다. 이 책은 그런 관점에서 썼습니다.

여러분의 삶에 갑옷이 되고, 무기가 되는 교양.

당신 자신과, 소중한 가족을 지켜줄 기초 체력.

바로 그런 관점에서 여러분에게 부동산의 기본기를 장착해 드리겠습니다.

자산이라 함은 순자산 내가 실제로 가지고 있는 재산과 부채를 합친 것입니다.

앞으로, 아니 어쩌면 지금도, 부동산은 여러분이 가진 자산 중 가장 큰 부분을

차지할 것입니다. 그러므로 부동산을 공부한다는 것은 곧 자산 관리, 재무 상태에 대한 공부이기도 합니다.

과거 어른 세대에게 부동산은 당연한 투자처였습니다.
그러나 지금의 2034 청년 세대에게 부동산은 박탈감을 느끼게 하는,
또한 생각만 해도 머리가 아파오는 걱정거리입니다.
그래서 부동산 = 투자를 떠올리는 사람들과
부동산 = 걱정을 떠올리는 청년 세대의
부동산 공부는 달라야 합니다.

현실은 냉정합니다.
모르면 당합니다.
뼈 때리는 조언, 조금은 어려워도 꼭 알아야 하는 내용을 담았습니다.

똑똑하게 살아야 합니다.
부동산은 생존을 위한 필수재소비재인 동시에 투자재라는 양면을 가지고 있습니다. 이 두 가지 면을 모두 놓쳐서는 안 됩니다.
내 권리를 찾으면서, **내 기회**를 찾는 공부. 이 두 마리 토끼를 잡으려 합니다.

희망적인 사실은 부동산 시장의 패러다임이 바뀌고 있다는 것입니다.
재무 자본이 다가 아닙니다. 재무 자본에서 지적 자본으로,
즉 돈에서 기획력으로 패러다임이 바뀌고 있습니다.

통찰력은 하루아침에 얻어지지 않습니다.
지금부터 이 통찰력을 연마한다면, **10년 후 당신의 미래는 바뀔 것입니다.**
2034에게 꼭 들려주고 싶은 부동산 개발 전문가로서의 인사이트 또한
아낌없이 드리겠습니다.

이 책에서 말하는 부동산 교양은 어려운 전문용어가 난무하거나,
아는 사람만 아는 학문의 영역이 아닙니다.
명확한 판단을 요하는 실전 상황에서 그 어떤 지식보다 요긴하게 쓰일
실천적 교양입니다.

알아야 판단 내릴 수 있고, 판단해야 실천에 옮길 수 있으며,
실천해야 지킬 수 있습니다!
이 책의 내용은 앞으로의 인생을 살아감에 있어
당신의 든든한 아군^{자산}이 되어줄 것입니다.

내 한 몸 누일 집을 구하기 시작하는 순간,
나이에 상관없이 어른의 세계에 들어선다.
그곳에서 우리는 부동산을 공부하지 않을 수 없다.

무사히 살아남기 위하여
그리고 더 똑똑하게 살아남기 위하여

3교시 병아리반을 위한 부동산 공부 리스타트
삶의 질을 향상시키는 데 반드시 도움이 되는 기본교양

4교시 10년 후 삶의 질을 바꿔줄 부동산테크 비밀과외
언젠가 반드시 진가를 발휘할 안목 만들기

서른이 다 되도록
부동산을 모르는 건
자랑이 아니다

1교시

부·알·못. 탈출 스타트!
정말 기초부터 차근차근

집 없이는 안락하게 살아갈 수 없다.
또한 한국 사회에서 집은 여전히 자산 증식의
주요한 수단 중 하나이다.
그러므로 나와 내 가족의 재산을 안전하게 지키고
우리의 안락한 일상을 보호하기 위한 공부가 우선되어야 하며
나아가 자산을 늘려가기 위한 공부가 필요하다.

본격! 뼈 때리는
부동산 공부를 시작해보자

1

학문의 전당이라는 대학에서 요상한(?) 일이 벌어지고 있습니다. 학생들이 삼삼오오
모여서 부동산 스터디란 걸 한다는 겁니다. 그것도 상아탑 중의 상아탑이라 할
우리나라 일류 대학에서 말입니다.

서울대·고려대까지 번진 <부동산 열공>

서울대와 고려대엔 최근 부동산 학회가 활발히 활동 중이다. (중략)

부동산학과가 있는 건국대에도 부동산 관련 학내 동아리 'SUN'이 있다.

이들은 매주 모여 스스로 커리큘럼을 짜서 부동산을 공부한다. 임대차보호법이나 양도소득세,

취득세 같은 일상 생활에 필요한 부동산 상식을 공유하기도 하고,

'비즈니스'로 부동산 산업을 연구하기도 한다. ─2018. 3. 16. 조선일보

공인중개사 같은 자격증 공부를 위해서가 아니라, '현대인의 필수 교양'으로써 부동산이 당당히 한 과목에 오르고 있습니다.

보이는 하자보다 무서운 안 보이는 하자

얼마 전 MBC〈나혼자산다〉에 김충재 씨가 출연해 자췻집을 구하러 다니는 모습이 방송을 탔습니다. 곰팡이와 결로는 물론이고 얼마나 공실이었는지, 물은 잘 내려가는지 등을 세세하게 확인하는 장면이 나오자 다른 패널들이 '반전문가'라는 반응을 보였지요. 금액 부담은 점점 더 높아지는 가운데, 하자 없는 집을 찾아야 하는 청년들은 누구나 반전문가가 될 수밖에 없습니다.

그런데 육안으로 확인할 수 있는 집의 컨디션보다 백만 배쯤 중요한 게 있습니다. 바로 안 보이는 하자, 권리상 하자입니다.

이런 하자가 있는 집에 들어가면 돈이 묶입니다. 일부 돌려받지 못하거나, 아예 다 잃게 될 수도 있습니다.

'설마 나한테 그런 일이 생기겠어.'

아직도 이런 생각을 한다면 등짝 스매싱을 당할 일입니다.

요즘은 "부동산? 등기사항전부증명서? 그런 거 난 관심 없어"라는 게 절대 자랑이 아닙니다. 서른이 되어서도 등기사항전부증명서를 볼 줄 모르는 사람이 수두룩합니다. 저는 20대 때부터 부동산 투자도 하고 분쟁도 겪어봤습니다. 관련 일을 하면서 온갖 상황을 직간접적으로 경험하여 부동산의 명암을 잘 알고 있습니다.

모르면 편할 것 같죠? 모르면 반드시 손해를 보게 됩니다. 돈을 잃고 손해를 볼 수도, 투자 타이밍을 놓치는 바람에 벌지 못해 손해를 볼 수 있습니다.

확실한 건 대한민국에서 경제활동을 하며 살아간다면 부동산을 몰라선 안 된다는 것입니다. 어떤 의미에서든지요.

모르면 당한다

대학생 열 명 중 여덟 명은 직접 아르바이트로 생활비를 벌어야 사는 시대, 높은 생활비의 가장 큰 이유는 주거 비용입니다. 서울 대학가 평균 주거비는 보증금 1천에 54만 원2018년 12월 '다방' 조사 결과, 서울 청년 3명 중 2명이 주거비로 소득의 30% 이상을 부담하고 있습니다2016년 조사. 피땀 흘려 벌어서 부동산에 다 나가니 공부 안 하게 생겼나요.

그런데 정말 심각한 문제는 이런 청년 세대를 타깃으로 한 전월세 부동산 사기가 기승을 부린다는 겁니다. 청년 140여 명이 100억 대 사기를 당한 당산동 원룸 사건, 오피스텔 돌려막기로 신혼부부들을 울린 안산 40억 원대 사기 사건 등 언론에 떠들썩하게 나온 사건은 물론이고 이중 계약, 전대차 사기 등이 너무나 많이 일어납니다.

이런 부동산 사기들의 공통점은? 보증금 수천만 원 대의 비교적 소액 월세

세입자들을 노린다는 겁니다. '소액'이라고 해도 당한 사람들 입장에서는
전 재산입니다. 결혼식을 올린 신혼부부가 전세 사기로 함께 살지 못 하는 일도
일어납니다.

알고도 당할 수 있습니다. 하지만 모르면 이런 포식자_{악덕 건물주, 또는 사기꾼}들의 타깃이
됩니다. 지금 대한민국에서 부동산을 모른다는 건 자랑이 아닙니다.
사회에서 가장 약한 피식 계층임을 고백하는 셈입니다.

빠를수록 좋다, 서른 전에 부동산 공부를 시작하라

서른 전에 부동산 공부를 해야 하는 첫 번째 이유! 타고난 금수저가 아니라면
자신을 지키기 위해서 필수입니다. 두 번째 이유! 대한민국에서 경제 활동을 하는
이상 부동산은 떼려야 뗄 수 없는 요소입니다. 앞으로 당신의 자산 중 가장 많은
액수가 부동산에 투입될 겁니다. (지금도 그럴지 모르지만) 급여의 가장 큰 부분이 주거
비용으로 통장에서 사라지겠지요. 그리고 나이가 들어감에 따라 아마도 몇 번쯤은
부동산에서 돈 벌 기회를 찾게 될 것입니다. 부동산 펀딩에 관심을 가지거나, 경매를
할 지도요. 여전히 부동산은 비교적 안정적인 투자처니까요.

사회인의 인생에 이렇게 큰 비중을 차지하는 부동산, 빨리 공부할수록 이득입니다.

부동산은 교양이다.

서른 전 시작한 부동산 공부는
앞으로 삼십 년, 안정된 삶을 지키는
버팀목 같은 지식이 되어줄 것이다.

부동산이 무엇인지
그것부터 다시 생각해보자

2

당신의 하루는 어디에서 시작됩니까? 매일 아침 눈 뜨고, 일어나 출근 준비를 하며
하루를 시작하는 곳은 바로 집이라는 '공간'입니다. 출근 준비를 마친 후에는
집 밖으로 나서서 버스, 지하철 등의 교통편을 타고 회사 또는 학교로 이동할
것입니다. 그사이에 잠시 들르는 카페, 편의점, 식당 그리고 사무실 등,
이 모든 '공간'이 바로 부동산입니다.

부동산이란 말 그대로 움직이지 않는不動 재산產입니다. 땅과 건축물은 움직이지
않는 것이지요. 그래서 부동의 재산, 즉 부동산이라 하는 것입니다.

당신이 사용하는 모든 공간은 누군가 소유하고 있으며, 누군가가 빌려 쓰고 있는
물건입니다. 자본주의 사회에서 어떠한 재화에 공급과 수요의 법칙이 적용되는 것은
당연합니다. 부동산도 마찬가지입니다. 필요로 하는 사람이 많아지면 값이 오르고,

필요로 하는 사람이 적으면 값이 내릴
것입니다.

현재 우리나라는 1~2인 가구의 증가로
소규모 공간을 필요로 하는 사람이 끊임없이
늘어나고 있습니다. 문제는 집_{부동산}이 고정된
재화라는 데 있습니다.

우리나라는 특성상 국토 면적을 늘리는 데 한계가 있습니다. 더군다나 현재 1~2인
가구는 수도권 지역에 편중되어 있으며, 공급과 수요 모든 면에서 지방과는 다른
양상을 보입니다. 편의시설과 문화시설은 물론이고, 크고 작은 직장 상당수가 서울에
집중되어 있다 보니 서울 안에 살고 싶어 하는 사람은 늘어납니다. 그런데 서울이란
공간은 물리적으로 한정되어 있지요.

이 같은 공급의 한계로 인해 수요가 증가할수록 부동산 가격은 높아질 수밖에
없습니다. 그래서 많은 사람이 모여사는 도시 지역의 부동산 가격이 높게 형성되는
것입니다. 필자는 '한정된 공간에서 어떻게 부동산이라는 상품을 개발해야 할까'라는
질문을 매일 합니다.

도시 지역의 부동산가 상승은 비단 우리나라만의 문제는
아닙니다. 런던, 뉴욕, 파리, 홍콩 등 세계의 메트로폴리스들은
인구의 쏠림 현상과 치솟는 집값으로 골머리를 앓고 있습니다.

그런데 우리처럼 '강남의 어느 아파트 매매가가 얼마를 넘어섰다',
'강북의 아파트값이 상승세다, 몇 주 동안 몇 퍼센트가 올랐다'는
식으로 부동산 동향이 뉴스를 장식하는 경우는 드뭅니다. 특히 주된 내용은 가격에 관한
것입니다. '강남의 어느 단지 아파트 가격이 3.3㎡당 1억 원을 넘어섰다, 강남 재건축
단지가 분양을 시작하는데 당첨되면 로또다' 같은 이야기들입니다.

부동산이 전국민적 관심사가 된 데는 이유가 있습니다. 대다수 한국인의 경험 때문이지요.
우리나라는 근대화 이후 80년대 중후반부터 경제가 발전하며 부동산 가격이 올라가기
시작했습니다. 80년대 이전에 부동산주택은 사용가치의 비중이 높았는데,
80년대 중후반 이후로는 교환가치의 비중이 높아졌습니다.
부동산은 투기 또는 투기자산으로 이용되었고, 그 결과 많은 이들에게 부동산은
가장 주된 재산 증식 수단이 되었습니다.

현재는 이미 집값이 오를 만큼 오른 상황에서, 그에 관한 뉴스를 들으면 소득 격차만 느끼게
된다는 사람이 많습니다. 평범한 20대, 30대로서는 '순수하게 일하여 받는 월급으로
전용면적 기준 85㎡구 33평형 국민주택규모의 아파트를 강남권, 아니 서울 시내에서 살 수
있을까?'라는 의문이 생기는 것도 당연합니다.

읽으면 좋지만, 조금 어려울 수도 있는 **심화 학습** ▶▶▶

부동산은 남 얘기?
바로 당신에게 필요한 이야기!

3

우리는 다음 중 어떤 스탠스를 취해야 할까요? 부동산이라고 하면 아예 다른
세상일처럼 생각하고 관심을 놓아버리기, 그 반대로 부동산을 통해 한몫 잡기.
　감히 말하건대, 둘 다 아닙니다.

　살아가며 한 번도 부동산 거래를 하지 않는 사람은 없을 것입니다. 자췻집을
구하든, 신혼집을 구하든, 매매든 임대차든, 종류를 불문하고 부동산 계약을 하게
됩니다. 그리고 그 계약의 액수는 아마도 생애 가장 큰 금액일 확률이 높습니다.
사람에 따라 기준이 다를 수는 있으나 '거액'인 것만은 확실합니다. 잘못해서
잃어버렸다 생각하고 넘어갈 정도의 액수가 아닙니다.
　그러므로 부동산 계약에는 실수가 있어서는 안 됩니다. 특히 가족이 함께 사는
집을 계약하는 경우, 잘못된 계약은 나 혼자만이 아니라 온 가족의 생존과 관계되는
큰 문제로 이어질 수 있습니다. 사회인으로서 갖춰야 할 생존을 위한 교양이 바로

'부동산 상식'인 것입니다.

한편, 부동산 투자에 관심을 가지되 단시간에 몇억을 벌 수 있다는 식의 한탕주의에
사로잡혔다가는 도리어 귀중한 자산을 잃게 될 확률이 높습니다.

얼마 전 모 TV 프로그램에서 부동산 가격을 조장하는 일부 스타 강사들에
대한 이야기가 나왔듯이, 이 시장에는 평범한 직장인과 주부를 현혹하는 세력이
많습니다. 좋은 정보를 알려준다고 하지만, 실은 감언이설로 초보자들을 이용해
그 자신들이 돈을 버는 것이지요. 이외에도 주변 상권이나 권리관계 등을 잘
파악하지 못하고 손해를 보는 경우도 많습니다. '부동산을 통해 빨리, 많이 벌겠다'는
생각에 사로잡히면 도리어 부동산의 제대로 된 가치를 발견하지 못하고, 투자가 아닌
투기에 골몰하게 됩니다. 제가 보아온바, 투기의 끝은 항상 좋지 않았습니다.

우리는 부동산을 등한시해서도, 부동산을 '도깨비의 보물 방망이'처럼
보아서도 안 됩니다.

부동산은 살아가며 떼려야 뗄 수 없는 존재입니다. 우리는 '집' 없이 안락하게
살아갈 수 없습니다. 또한 한국 사회에서 부동산은 여전히 주요한 자산 증식의 수단
중 하나입니다.

그러므로 나와 내 가족의 재산을 안전하게 지키기 위한 공부가 우선되어야 하며,
나아가 한국의 경제 상황과 부동산의 관계를 이해하고 그 안에서 자산을 늘려가기
위한 공부가 필요합니다.

이것이 우리가 해야 할 진정한 부동산 공부입니다.

큰돈 오가는 부동산 계약에는 실수가 있어서는 안 된다

필자는 '(설사 십 대라 해도) 첫 자취방을 구하는 순간부터 부동산 공부를 시작하라'고 말하곤 합니다. 무엇이든 첫 경험이 중요한데, 부동산 역시 첫 거래가 다음 부동산 거래 때 영향을 주기 때문입니다.

예를 들어 차를 한 대 산다고 가정해봅시다. 몇백만 원짜리 중고차든, 수천만 원을 호가하는 신차든, 가격에 상관없이 자동차를 처음 구매할 때는 많은 항목을 따져가며 비교하고 선택합니다. 나의 안전과 직결되어 있으며, 가격 또한 생필품과는 비교가 안 될 정도로 높기 때문이지요.

그런데 차보다 더 중요한 공간이며 금액 또한 큰 데도 불구하고, 집을 계약할 때는 덜 신중한 경우를 많이 봅니다. 방을 한두 번 둘러보고 화장실과 싱크대 수압을 체크하고, 마음에 들면 부동산에 가서 계약서를 쓰는 식입니다. 요즘은 직거래를 통하여 계약하는 경우도 많습니다.

부동산은 임대인과 임차인, 매수인과 매도인 양 당사자들의 계약입니다. 양 당사자들이 보증금 및 임대료에 관한 사항을 합의하면 계약서를 작성합니다.

정형화된 계약 조항을 보면 처음 접하는 생소한 단어들이 표기되어 있을 것입니다.

공인중개사 사무소에서 계약서를 작성하고, 공인 중개사가 계약 조항을 설명해줘도 도통 무슨 말인지 알 수 없습니다. 분명 한글로 적혀있는데 외래어 같은 느낌을 받았을 것입니다.

또한 계약 시 특약사항을 작성하는 데 어떤 사항을 기재할지 몰라 공인중개사가 해주는 대로 작성을 완료하는 경우도 많습니다. 매수인 또는 임차인으로, 또는 매도인, 임대인으로서 어떤 사항을 계약서에 기재해야 하는지 알지 못해 당황하는 경우가 다반사입니다.

부동산에서 알려주는 대로 하면 되지, 왜 이런 것을 알아야 하느냐고요? 혹시라도 분쟁이 생겼을 경우, 다툼을 최소화할 수 있기 때문입니다.

특약사항 한 줄이 소송 시 책임 소재를 가리는 중요한 단서가 되기도 합니다. 또 계약 이후 상황에 따라서 계약을 해제/해지_{계약 자체를 무효, 또는 취소}해야 할 경우도 발생하는데 설사 단순변심에 의한 해제/해지라 하더라도 명분이 있어야 합니다. 이때 특약사항 또는 계약사항에 계약해제/해지 사유를 구체적으로 기재하면 계약을 파기하고자 하는 사람이 상대방에게 지급해야 할 금액_{위약금, 손해배상금}이 달라질 수 있습니다. 이 같은 일이 발생하면 안 되겠지만 계약조항을 잘 쓰는 것만으로도 여러 가지 문제 상황을 사전에 막고, 손해를 줄일 수 있는 것입니다.

그리고 이러한 경험이 나아가 자기 명의의 집을 매매하고, 장사할 상가나 사무실을 계약하는 등 다양한 부동산 거래에 자산이 되어 줍니다. 꼼꼼하게 따지고 확실하게 계약하는 경험이 쌓이면 그 자체가 사회인으로서의 저력이 될 수 있습니다.

돈이 없어도 부동산 공부를 해야 하는 이유

혹시 주식 투자를 해본 적이 있나요? 주식에 투자한 경험이 한 번이라도 있다면, 1분 1초 단위로 주가를 주시하는 그 심정을 알 것입니다. 자신이 주식을 산 회사의 최신 뉴스, 정부 정책, 업계 동향, 심지어 소문까지 민감하게 수집하지요. 그러한 정보가 주가 향방에 영향을 미치기 때문입니다.

부동산 역시 가격 변동과 관련 정보들을 항상 주시해야 합니다. 부동산도 일종의 상품입니다. 가격이 항시 바뀌는 물건, 한 마디로 그때그때 시가市價가 있는 물건이지요. 좋은 상품을 조금이라도 저렴하게 사기 위해서는 항시 관심을 가지고 있어야 합니다. 부동산의 가격 변동에 민감해야 시기마다 매도와 매수, 즉 사고 파는 데 대한 판단을 할 수 있습니다.

이렇게 말하면, 아직 부동산을 살 만한 목돈이 없는데 벌써 부동산 동향에 촉을 세울 필요가 있느냐고 반문할지도 모르겠습니다. 어떤 대상이든 관심을 가질 때 재미를 느끼게 됩니다. 흥미를 가지고 더 알기 위해 노력할수록 더 깊이, 더 많이 알게 되고 결국 경지에 다다르게 되지요. 누차 말했듯, 부동산은 자산의 안전 관리를 위해서도 알아야 하며 훗날 자산 증식의 기회를 잡기 위해서도 알아야 하는 것입니다. 지금 당장이 아니라 해도, 나중에 가서 제대로 판단하기 위해 미리 안목을 길러놓는 것이 중요합니다.

소위 얼리어답터들을 보면 최신 전자제품과 이전 관련 기기들의 스펙은 물론이고, 생산사별 특징에 대해서까지 꿰뚫고 있습니다. '어떻게 저런 것까지 다 파악하지?'라고 할 정도의 해박함은 하루아침에 만들어진 것이 아닙니다. 그러한 전자제품에 대해 꾸준히 관심을 가지고 정보를 수집하다 보니 자연스럽게 남들보다 앞서게 된 것이지요.

부동산도 마찬가지입니다. 훗날 언제라도 부동산에 투자할 마음이 있다면, 부동산이라는 상품에 관심을 가져야 합니다. 내 집 한 채를 사는 것 또한 부동산에 투자하는 것이니 언제고 집 한 채 마련할 마음이 있다면 지금부터라도 부동산 동향과 정보에 촉각을 세워야 합니다. 설사 통장에 돈 한 푼 없다 해도 말입니다!

그러려면 일단 '부동산'이라는 상품의 종류를 알아야 하겠죠? 그리고 성격을 정확히 파악해야 합니다. 상품의 종류는 주택단독주택, 다가구주택, 다중주택, 공동주택(다세대주택, 연립주택, 아파트), 근린생활시설상가, 토지농지, 임야, 테마 상가분양상가 등 다양합니다. 이 상품의 성능에 따라 가치가 부여되고, 가치가 형성됨에 따라 시장 가격이 매겨지며, 그 가격을 다시 평가하여 사고팔게 됩니다.

생활용품에도 가격이 형성되어 있는데, 같은 기능을 가진 제품이라도 제조사와 유통구조, 판매사에 따라 다른 가격으로 판매되지요. 부동산도 마찬가지입니다. 아파트의 경우 건설사의 브랜드 가치, 단지 규모, 위치 등에 따라 시장가격이 형성되고 판매됩니다.

예를 들어 서울 어느 지역의 아파트로 이사하길 원한다고 해봅시다. 일단 그 곳에 관심을 가지고 그 동네 아파트 단지별 장단점, 최근 실거래 가격, 시장에 나와 있는 매물 개수, 접근성, 관리비 등을 알아봐야 할 것입니다. 무엇보다도 매매 가격이 어떻게 바뀌는지 그 변동 추이가 중요합니다. 시장에 나와 있는 매물 개수는 한정되어 있으므로 수요가 많아지면 가격이 상승할 것입니다.

이처럼 관심 지역의 부동산 상품을 지속해서 살펴보다 보면 가격 변동에 대해 알게 되고, 그에 대해 궁금증을 느끼게 되며, 나아가 가격이 오르내리는 이유를 분석하게 될 것입니다.

부동산에 관심을 가지는 것이 부동산 공부의 출발점입니다. 또한 이것이 훗날 진가를 발휘할 밑거름이 될 것입니다.

지금 당장 돈이 없다면, 훗날을 위해 종잣돈을 만들라는 이야기를 많이 듣습니다. 그러나 5년, 10년을 노력하여 종잣돈을 만들더라도 단 1번의 잘못된 의사 결정이 후회막심한 결과로 이어질 수 있습니다. 돈을 모으는 동시에 꾸준한 관심과 공부가 필요한 이유입니다. 준비된 사람에게 좋은 결과가 오는 것은 자명한 일입니다.

아우토반을 달리고 싶으면
면허부터 따라

4

세상에 부자를 꿈꾸지 않는 사람이 있을까요? 저마다 부자 되는 방법을 연구하고 공부하는데, 부동산 또한 그중 한 방편입니다. 요즘은 대학생들도 셰어하우스, 갭투자, 경매 등에 관심을 가지고 공부하러 오는 모습을 많이 봅니다. 20대, 30대 청년들이 낡은 주택을 개조해 주택임대사업자로 변신했다는 이야기가 하루가 머다하고 포털 사이트를 장식합니다.

그렇다 보니 부동산 공부, 하면 투자만을 위한 공부부터 떠올리는 사람이 많습니다.

이 책도 그런 기대로 펼쳤다가, 여기까지 읽고서는 '기대한 내용이 아니네' 하고 덮어버릴지도 모릅니다. 그런 분들에게 꼭 하고 싶은 이야기가 있습니다. 투자 공부 전에 기초 공부가 반드시 먼저 필요한 까닭을 말씀드리겠습니다.

이런 공부라면 안 하느니만 못하다

2011년 이후 NPL ^{부동산담보부 채권 한정} ▶ 을
강의하는 학원이 서울 강남권을 중심으로
많아졌습니다. 필자도 여러 번 수강했었는데,
NPL에 관한 사항은 알고 있었으나 강의
내용이 궁금했기 때문입니다. 그런데 저와
함께 강의를 들은 다른 수강생들을 보며

> ▶ NPL(Non Performing Loan, 회수불능대출금, 불량채권, 부실여신 등)은 부실대출금과 부실지급보증금을 합친 개념으로 금융기관이 빌려준 돈을 회수할 가능성이 없거나 어렵게 된 채권입니다. 이 책에서는 부동산담보부 부실채권을 의미합니다. 고수익 상품으로 알려지며 기관투자는 물론 개인들까지 NPL에 많은 관심을 가지고 뛰어들었습니다.

정말이지 안타까움을 느꼈습니다. 부동산에 대한 기본 지식조차 없이 고액의
수강료를 내고 학원에 다니고 있었기 때문이지요.

학원 수업을 따라가려면 최소한의 기초 공부가 되어 있어야 합니다.

학창 시절을 떠올려보십시오. 1학년을 건너뛰고 2학년, 3학년 수업을 따라잡을
수 있을까요? 기초가 없으면 상위 단계로 갈 수 없습니다.

부동산 공부도 마찬가지입니다. 아무것도 모르는 분들이 하루 4시간씩 수업을
듣고, 학원 문을 나설 때마다 "돈이 되는 건 확실한데, 내가 혼자 투자할 수
있을까?"라고 말합니다. 이런 푸념을 무려 7주 동안 들었습니다. 사설 학원 수업의
질을 논하고자 하는 것이 아닙니다. 그 수업을 선택한 것은 수강생들 자신입니다. 모든
행위의 책임은 본인에게 귀속되는 것이지요. 고액의 수업을 듣고 아무것도 얻어가지
못했다면 금전적·시간적 손해는 돈과 시간을 투자한 그 자신의 몫입니다.

베스트셀러 도서 중 《부의 추월차선》이라는 책이 있습니다. 부자 아빠, 부자

엄마를 꿈꾸는 많은 분이 그 책의 제목처럼 '부의 추월차선'을 꿈꿉니다. 조금이라도 빨리, 많이 벌기 위해 부동산 투자라는 길을 선택하지요.

그런데 여기에도 자격이 필요합니다. 무제한의 속도로 달릴 수 있는 독일의 고속도로 아우토반을 예로 들어보겠습니다. 아우토반을 200~300km 속도로 아찔하게 달릴 수 있는 이유는 차들이 주행차선과 추월차선을 확실하게 지키기 때문입니다. 운전에 대한 기본 소양과 분별력이 없다면 결코 '꿈의 도로'를 달릴 수 없습니다.

부자로 가는 길 또한 마찬가지입니다. 부동산 투자는 자영업이나 금융상품 등 다른 투자와 비교할 때 확실히 빠르게 부를 축적할 수 있는 방법입니다만, 그만큼 리스크도 큽니다. 그렇기에 기본기와 분별력을 갖추고 있어야 합니다. 면허_{기본소양}가 없는 사람은 아우토반을 아예 달릴 수 없지만, 막연한 욕망으로 이뤄진 사상누각 같은 실력으로 아우토반을 내달렸다가는 두 번 다시 운전대를 잡을 수조차 없게 될 수 있습니다. 이 점을 명심해야 합니다.

당신의 잘못된 거래나 투자 선택은 누구도 말려주지 않습니다. 부동산에 대한 기본 소양이 없으면, 잘못된 선택으로 잘못된 길을 가다 큰 좌절을 겪게 될 수 있다는 걸 반드시 기억하세요. 분별력은 굉장히 중요한 것입니다.

좋은 선택을 해야 좋은 결말에 다다를 수 있다

지금까지 말했듯, 부동산을 거래하거나 부동산에 투자하기 위해서는 최소한의
소양을 갖춰야 합니다. 최소한의 소양이란 무엇을 뜻하는 것일까요? 학원에 다니거나
세미나를 수강했다면 부동산이라는 '상품'에 관심이 있다는 것입니다. 그렇다면
상품을 구매하기 전에 어느 정도 상품을 분석할 수 있는 안목이 있어야 합니다.
그러한 안목, 즉 분별력은 기본 소양에서부터 출발합니다.

다행인 점은 부동산은 다른 상품과는 달리, 그 분야 전문가가 아니라도 어느 정도
잘못된 선택을 예방할 수 있다는 것입니다. 예를 들어봅시다. 우리가 상품을 구매할
때 최우선으로 고려하는 것은 브랜드의 가치입니다. 브랜드 가치에는 오랫동안
쌓아온 제조회사의 공신력이 포함되어 있습니다. 얼마 전 BMW의 일부 차종에
결함이 발생해 차량에 화재 사고가 빈번하게 발생했습니다. 이로 인해 BMW의
브랜드 가치가 하락하고, 경쟁사인 벤츠의 판매량이 증가했습니다. BMW라는
브랜드의 가치만 믿고 상품 성능을 의심하지 않고 구매했다가 리콜 대상이 된 차량
소유주들은 불편함은 물론이고 금전적으로도 손해를 봤습니다.

상품에 대한 확신이 있더라도 분석하지 않으면 결함이 있는지 없는지 알 수
없습니다. 자동차 전문가도 이러한 분석이 어려운 판국에, 일반인 구매자가 브랜드
가치가 높은 차량의 결함을 파악할 수 있을까요? 불가능한 일입니다.
하지만 부동산은 다릅니다. 부동산에 대한 최소한의 소양을 갖추고 있다면, 하자를

찍어주는 부동산 강의, 절대 듣지 마세요

"내가 찍었던 지역은 모두 올랐다!" "내가 알려주는 대로만 투자하면 무조건 돈 번다!"
이렇게 말하는 학원을 만났거나, 이런 내용의 책 혹은 동영상 강의를 보고 '나도 한 번 투자해볼까?' 싶었던 적이 있나요? 그렇다면 믿고 거르십시오.

물론 그들이 알려주는 정보 중 맞는 정보가 있을 수도 있습니다. 무조건 다 틀렸다는 뜻이 아니라, 이런 말에 혹해서 살까 말까 할 정도로 분별력이 없다는 게 가장 큰 문제입니다.

우리는 정보의 홍수 시대를 넘어서 정보의 대(大)쓰나미 시대를 살고 있습니다. 당장 스마트폰을 켜고 포털사이트나 유튜브 등에서 부동산 투자를 검색하면 어마어마한 양의 정보가 뜹니다. 그중에는 우리를 자극하는 문구도 허다합니다. '천만 원으로 시작하는 임대사업'이나 '2억으로 20억 건축주가 되는 비결' 같은 것들이지요. 이런 문구들이 모두 거짓이라는 게 아닙니다. 이런 카피들은 돈을 벌고 싶은 소시민들의 시선을 잡아끄는 데가 있습니다. 무슨 내용일지 궁금증을 불러일으키고 클릭하게끔 만듭니다. 저 역시도 가끔 클릭해서 어떤 강의 혹은 책인지 살펴보곤 합니다.

문제는 기본 소양입니다. 공부가 제대로 안 되어 있으면 어디까지 믿고 어디서부터 걸러야 할지 판단할 수 없습니다. 개중에는 유용한 정보도 있는 한편, 초보 투자자를 노린 사기성 정보도 분명 존재합니다. 기본 소양에 근거한 분별력이 없으면 잘못된 정보를 믿고 큰돈을 날릴 수도 있습니다.

투자는 선택과 결과 모두 전적으로 투자자 본인의 몫입니다. 스타 강사나 잘 아는 공인중개사의 말을 믿고 투자했다가 손해 본들 누구도 책임져주지 않습니다. 정확한 판단력을 가지기 전까지는, 이런 정보는 아예 듣지도 보지도 않는 것이 상책입니다.

찾아낼 수 있습니다. 상품의 하자를 찾는다면 90% 이상 위험 요소를 파악한 것입니다.

이 책이 부동산이란 상품에서 최소한의 하자를 찾는 길라잡이가 되었으면 합니다. 부동산 거래와 투자를 위한 기본 소양은 여기서부터 시작됩니다.

나아가 좋은 상품을 찾고 선택하는 데도 분별력이 필요합니다. 강의나 세미나에서 정말 유용한 정보를 찾아내고, 그렇지 않은 정보는 버릴 줄 알아야 합니다. 허다한 부동산 상품들 가운데 '진짜 가치 있는 물건'을 찾아내는 안목을 키워야 합니다.

얼마 전 TV 시사 프로그램에서 충격적인 내용을 접했습니다. 스타 강사들이 세미나 시간에 주목한 지역의 아파트값이 폭등했으며, 그 수강생들은 관광버스를 대절하여 강사들이 '찍어주는' 곳들을 투어하고 있다는 것이었습니다. 더 충격적인 것은 수강생들의 인터뷰 내용이었습니다. 강의 시간에 언급된 지역에 삼삼오오 몰려가 공인중개사 사무실을 다니며 묻지마 투기를 하는 모습, 마치 마트에서 충동 구매하듯 즉석에서 부동산 계약을 하는 모습에 할 말을 잃었습니다.

실제로 '광주의 8학군'이라고 주목받은 정확히는 스타 강사들이 지목한 지역은 2017~2018년에 부동산 가격이 급등했습니다. 해당 지역의 특정 아파트는 불과 7개월 만에 3억~4억 원씩 가격이 폭등했습니다. 특별한 개발 이슈나 광역 교통망 확충 등 가격이 오를 이슈가 없었는데도 말입니다. 심지어 그곳의 개업공인중개사들마저도 가격 급등의 사유를 정확히 모른다고 합니다. 주목할 만한 것은 단 하나, 어느 날인가부터 서울과 수도권 등 다른 지역 사람들이 그곳 아파트들을 매수하기 시작했단 것입니다.

거래가 활발해지자 개업 공인중개사들도 매수를 권유했습니다.

　가격이 급등하려면 그 지역에 가격이 오를만한 이슈가 있어야 합니다. 이유도 모르고 무조건 오른다고 해서 부동산을 매수하는 것은, 주식과 비교하자면 주가가 반등하자 그 이유를 모르고 추격 매수하는 것과 동일합니다. 그렇게 잠깐 오른 주식은 얼마 후 곤두박질치기 일쑤입니다.

　실제로 광주 해당 지역은 현재 매매가 잘 이뤄지지 않고 있다고 합니다. 최근 최고가격에 매수한 분들은 불안한 마음이 들 것입니다. 정말 오를 이유가 있어서 오르는 것인지, 부풀려진 가치인지, 실제 모두가 인정하는 가치인지 스스로 판단할 수 있는 분별력을 갖춰야 할 것입니다.

　다음 장부터는 본격적으로 부동산의 기본 소양을 갖추고, 분별력과 안목을 키우기 위한 공부를 시작해보겠습니다.

헷갈리고 어려운 부동산 공부,
어디서부터 시작해야 할까?

5

부동산 공부, 필요한 건 알겠는데 어디서 무엇부터 시작해야 할지 막막하다는 분이 많습니다. 확실히 시중의 책들만 둘러보아도 다들 투자하는 방법만 말하지, 진짜 실생활에 필요한 부동산의 A to Z를 말하는 책은 찾기 어렵습니다. 언제가 될지는 모르지만 부동산 투자(단 한 채의 내 집이라 해도!)를 염두에 두고 부동산에 관심을 가지기 시작했다면 무엇부터 봐야 할까요?

그 첫 번째는 바로 뉴스와 신문이며, 두 번째는 경매 시장 낙찰가, 세 번째는 각종 부동산 가격 정보들입니다.

부동산 뉴스, 포인트를 읽으면 쉬워진다

부동산 뉴스는 전문가 인터뷰, 정부 정책 보도자료 등을 기초로 작성됩니다. 그러므로 부동산 뉴스를 보면 현재 시장 상황을 파악할 수 있습니다.

여기서 부동산 전문가들이 100% 맞느냐, 안 맞느냐는 중요한 문제가 아닙니다. 이 사람의 전망이 맞을까 틀릴까가 아니라, 뉴스의 내용과 핵심 골자를 파악하는 것이 필요합니다. 자, 그럼 여기서 의문이 생길 것입니다.

"부동산 지식이 없는데 어떻게 핵심을 체크할 수 있나요?"

제 대답은 이렇습니다. 처음부터 모든 걸 소화하려면 탈이 납니다. 기사를 읽을 때는 다음과 같은 순서로 파악하십시오.

첫째, 기사의 제목을 읽고 키워드를 파악합니다. 기사의 제목에 등장하는 단어가

•주요 포털 사이트들의 부동산 카테고리에서 부동산 관련 뉴스들을 확인할 수 있습니다. 틈날 때마다 읽으며 이 같은 뉴스들에 익숙해지는 것이 부동산 공부의 첫 단계입니다.

곧 그 기사의 키워드입니다. 예를 들어 기사의 제목이 '올해 종합부동산세 세율 상향…신혼 생애 최초 주택은 취득세 감면'이라면 이 기사의 키워드는 '종합부동산세', '신혼 생애 최초 주택', '취득세'입니다.

둘째, 도식화되어 있는 부분_{이미지}을 먼저 확인합니다. 부동산 관련 기사에는 내용을 도식화한 이미지가 포함된 경우가 많습니다.

●부동산 뉴스에는 독자의 이해를 돕기 위한 도식화 이미지가 포함된 경우가 많습니다.

대개 기사 내용과 관계된 정보를 그래프 등으로 한눈에 보기 쉽도록 정리한 것입니다. 이 정보를 미리 보아두면 기사를 이해하는 데 있어 많은 도움이 됩니다.

셋째, 앞서 인지한 키워드_{기사 제목}와 기본 정보_{도식화 이미지}를 바탕으로 기사의 내용을 읽습니다. 부동산 관련 기사는 외계어 같아 읽기가 어렵다는 분들이 많습니다. 어려운 단어들에 가로막혀 읽기를 아예 그만두지 말고, 이 같은 방법으로 우선 핵심 내용만 확인하는 데서부터 시작하십시오.

PLUS TIP **정책 관련 기사를 읽는 요령 하나!**

여러분이 앞으로 부동산 관련 대책을 접할 때는 '모든 정책의 목표는 서울의 부동산 가격을 안정시키는 것'이란 점을 염두에 둘 필요가 있습니다. 9.13 대책도 예외가 아닙니다.
그렇다면 이로 인해 타격을 입는 곳은 어디일까요? 바로 지방 도시의 부동산 시장입니다.

출퇴근 시간, 일과 중 쉬는 시간을 짬짬이 활용하여 부동산 뉴스를 확인해 보십시오. 제목을 읽고, 이미지로 핵심기본 정보를 파악하고, 모르는 단어는 건너뛰면서 일단 키워드에 집중하며 기사를 읽습니다. 그렇게 매일 하다 보면 전국 부동산 시장의 흐름을 파악할 수 있게 될 것입니다.

부동산 뉴스를 활용해 나만의 판단 자료를 만드는 법

특히 정부에서 부동산 대책을 발표하는 경우, 관련 기사를 잘 파악하는 요령이 필요합니다. 정부의 부동산 대책은 대개 억제 정책이기 때문에 시장에 미치는 여파가 큽니다. 정책 내용을 잘 파악하기 위해서는 국토교통부 홈페이지에서 직접 확인하는 것이 제일 중요하지만, 대개는 기사를 통해 접하는 것이 현실이지요.

이러한 기사 내용에는 항상 부동산 전문가들의 의견이 들어 있습니다. 정책 내용에 대해 전문가들이 분석한 것을 토대로 정부의 정책 방향이 시장에 미칠 영향을 예상해야 합니다. 단, 기사를 분별력 있게 활용하기 위하여 비판적으로 읽는 훈련이 필요합니다. 기획 의도나 기자의 생각, 인터뷰이의 사견 등이 들어갈 수 있기 때문입니다. 이처럼 기사 내용의 핵심을 파악하고, 시장에 미칠 영향을 분석한 후 자료화 및 판단하는 것이 중요합니다. 다음의 기사를 예로 들어보겠습니다.

금리 인상 임박… '시한폭탄' 1500조 가계 빚 어쩌나

1500조 원을 넘어선 가계 부채가 우리 경제를 위협하는 '시한폭탄'으로 자리 잡은 모습이다. (중략) 더욱이 대출 금리는 앞으로 지속적으로 오를 일만 남아 있다. 당장 30일 열리는 한은의 금융통화위원회(금통위)에서 기준금리가 인상될 가능성이 높게 점쳐지고 있다.

(중략) 이대로라면 올해 말이나 내년 초 주택담보대출 금리는 5%대를 넘어갈 것으로 전망되고

있다. 소득이 그만큼 늘지 않는 상황에서 가계의 이자 부담만 가중되면 취약차주(채무자 중 취약계층에 놓인

사람—편집자 주)를 중심으로 연체율이 급증하는 등 빚의 질이 급속도로 악화될 우려가 크다.

— 2018. 11. 21, 뉴시스

가계 부채가 우리 경제를 위협한다는 내용입니다. 핵심은 대출 금리 인상으로

인하여 가계 부채, 즉 주택담보대출 이자 및 원금 상환 부담이 우려된다는 것입니다.

밑줄 친 부분이 이 기사의 키워드 및 핵심 문장입니다. 이를 바탕으로 아래와 같은

정보를 얻고 판단에 다다를 수 있습니다. 참고해 보십시오.

핵심 내용　최근 금리 인상 이야기가 나오는 가운데 금리가 인상되면 가계 경제에 부담이 되어

　　　　　　가계 경제가 부도날 수 있다.

기사 분석　가계 부채 중 가장 비중이 큰 것은 부동산담보대출이다. 한국은행 기준금리가 인상된다면,

　　　　　　시중은행 가산금리 또한 인상될 것이고 가계의 이자 부담은 크게 늘어날 것.

예상　　　2019년 하반기부터 부동산 경매 시장에 많은 물건이 나올 가능성이 크다.

판단　　　90년대 후반 IMF와 2008년 리먼 사태 당시 국내 부동산 가격은 바닥을 알 수 없을

　　　　　　정도로 하락했었다. 분명한 것은 두 사태 이후 가격이 회복되었다는 것이다. 이 시기에

　　　　　　부동산 경매, 급매 등의 매매 수단으로 부동산을 매입한 사람들은 높은 시세 차익을

　　　　　　얻었다. 현 시장의 흐름을 앞서 선행된 사태(IMF, 리먼 사태)만큼 심각하게 인식하는

　　　　　　사람은 직다. 하지만 어떤 사람에게는 위기가 어떤 사람에게는 기회가 될 수도 있다.

한편, 금리가 부동산 시장에 미치는 영향력은 매우 큽니다. 부동산을 매입할 때 대출을 받지 않는 사람은 거의 없습니다. 특히 과거 정부 시절 대출 금리가 낮을 때 3% 전후반 매매한 경우-변동금리 금리 인상이 큰 부담이 될 것입니다. 이자가 올라간 만큼 집값이 같이 오르면 그나마 위안이 되지만, 이런 경우 오히려 집값은 하락할 확률이 높습니다.

수입은 한정되어 있는데 금리 인상으로 인해 지출이 늘어나면, 특히 큰 비중을 차지하는 주택담보대출 상환 비용이 늘어나면 어떻게 될까요? 다른 가계 부채가 없다면 모르지만, 주택 외 다른 대출-신용대출 등이 있다면 생활을 유지하는 데 어려움을 겪을 것입니다. 부동산 대출 금리가 1%만 상승해도 우리 생활에 미치는 영향이 큽니다.

이처럼 부동산 관련 기사는 시장의 흐름뿐 아니라 우리 개인의 사정, 가정 경제 상황과도 밀접한 관련이 있습니다.

언뜻 어려워 보여도 부동산 및 금융, 세금 관련 기사가 나오면 나름대로 파악하고 분석하려 해보십시오. 다 이해하지 않아도 됩니다. 포인트만 찾아내면 되는 것입니다.

PLUS TIP 기사처럼 생겼지만 기사가 아니다!

요즘은 기사 형식으로 나오는 광고가 많습니다. 특히 분양호텔, 대형 테마 상가, 수익형 오피스텔, 도심형 숙박 시설 등 수익성 모델 상품에 대한 내용은 유심히 읽어봐야 합니다. 이들 상품은 주변 입지 환경부터 접근성(교통망) 등에 대한 분석 내용을 기사처럼 적은 후, 결론에는 분양 광고 메시지를 전달합니다.
물론 이런 내용이 나쁜 것은 아닙니다. 개발 예정인 지역에 대한 정보를 알고, 사전에 이슈를 파악할 수도 있으니까요. 다만 이를 파악한 후 본인이 판단하여 자료화할 수 있어야 합니다.

경매 낙찰가율을 읽으면 시장 흐름이 보인다

정부의 9.13 부동산 대책 이후 부동산 시장은 규제 지역과 비규제 지역으로 양극화 되었습니다. 정부의 대책 규제 밖에 있는 지방의 어느 특정 도시 아파트의 경우, 가격이 최고가를 계속 갱신하고 있습니다. 이유가 무엇일까요?

부동산담보대출이 수도권 및 지방광역시 규제 지역에 비해 수월하기 때문입니다.

9.13 대책 이후 일부 지역에서는 부동산 가격과 전셋값이 하락하여 만기가 된 임차인에게 전세 보증금을 주지 못하는 경우도 있다고 합니다. 관련 기사를 보니, 임대인이 하락한 차액에 대한 이자를 임차인에게 지급하고 있다는 내용도 포함되어 있었습니다.

이처럼 요즘 나오는 기사의 대부분은 금리 인상의 가시화, 가계 부채 부도설 등 부정적 기사가 많습니다. 대출이 어려워지고 가계 부채 문제가 부각될수록, 부동산 매매는 줄어들게 됩니다.

호황기에는 높아지고, 쇠퇴기에는 낮아진다

부동산 매매가 활발하게 이뤄지는 호황기에는 경매 시장 수요 또한 급증합니다. 이로 인해 감정가 대비 낙찰가가 높게 나타나는데, 이는 경매가 접수된 이후 최소 6개월이 지나 매물이 나오기 때문입니다. 접수일로부터 최소 6개월간 경매 법정에서는 매각 준비 절차를 완료합니다. 여러 가지 절차 중 경매를 목적으로 법률에 의해 감정평가를 하고, 이 평가액이 경매 매각 기준 금액이 됩니다. 그리고 통상 경매사건 접수일 기준으로 대략 4~6개월 이후 첫 경매 매각 기일이 지정됩니다. 이는 다시 말해, 경매 시장에서 첫 매각 기일에 제시되는 가격은 6개월 전 가격이라는 것입니다.

부동산 시장이 호황일 때는 하루가 다르게 가격이 바뀝니다. 변동 차이도 심합니다. 그러므로 부동산 경기가 좋으면 수요가 경매 시장에 몰리게 됩니다.

위에서 말했듯, 감정평가액은 최소 6개월 전 가격이므로 낙찰가율이 높게 형성됩니다. 반대로 부동산 시장이 쇠퇴기일 때는 낙찰가율이 낮아지게 됩니다. 부동산 시장이 얼어붙어서 경매에 참가하는 인원이 적기 때문입니다.

필자는 부동산 관련업에 종사하며 경매 시장의 반응을 지켜봐 왔습니다. 그래서 내린 결론이 부동산 시장의 흐름을 파악하려면 경매 시장을 봐야 한다는 것입니다. 지역별, 물건별아파트, 상가, 토지, 주택 등로 낙찰가율▶과 낙찰률▶ 등을 확인합니다. 이처럼 경매 시장을 통해 내가 원하는 지역과 물건 등을 특정하여 부동산 시장의 흐름을 파악할

수 있습니다. 기본적으로 다음의 사항을
기억해두면 도움이 될 것입니다.

● **경매 낙찰가율이 높은 지역, 낙찰가격이 높은**

  지역을 확인하자. 이런 지역은 인기 있는 동네이다.

● **낙찰된 물건을 확인하고 응찰자가 많이 몰린 물건을**

  분석하자. 인기 있는 이유가 있을 것이다. 직접 찾아가서 현장을 확인해보면(소위 말하는 '임장')

  응찰자가 몰리는 이유를 알 수 있다. 남이 보기에 좋으면 나도 좋은 것이다. 물건을 많이 봐야 한다.

  그러다 보면 자연스럽게 지역 분석, 물건 특성, 낙찰가를 예상할 수 있게 된다.

  한편 유료 경매 사이트를 활용하는 분이 있다면 물건별 감정평가서를 잘 활용해

보십시오. 기본적인 인근 지가를 확인하는 데 중요한 자료가 됩니다. 감정평가서 내용

중 최근 거래된 실거래 가격, 최근 감정평가가격, 부동산의 위치와 현황, 위반사항 등

정보를 얻을 수도 있습니다.

  이렇게 경매 시장에 관심을 가지다 보면 전반적인 부동산 시장 흐름을 알 수

있습니다. 시간과 노력을 투자한 만큼 실제 투자에 도움이 되는 지식을 습득하게

될 것입니다. 조급해하지 마세요, 중도에 포기하지만 않으면 됩니다!

가격 정보 사이트를 통해 실제 시세를 확인하라

마지막으로 부동산 공부에 이용할 것은 각종 부동산 가격 정보 사이트들입니다. 국토교통부 실거래가 공개 시스템, KB부동산 리브온 사이트, 네이버 부동산, 피터팬의 좋은방 구하기 등이 그것입니다. 각 사이트마다 활용 방법이 다릅니다. 이들 사이트만 잘 활용해도 부동산 시장의 상황을 파악하는 데 도움이 됩니다. QR코드를 스캔하면 각 사이트로 바로 이동할 수 있습니다.

국토교통부 실거래가 공개 시스템

여기서 확인할 수 있는 것은 과거 거래 가격입니다. 분기별로 실제 거래된 가격이 공시되므로, 부동산 시장이 활발한 경우 활용도가 떨어집니다. 과거 가격과 현재 가격을 비교하는 정도로 쓰이지요.

● 국토교통부 실거래가 공개시스템

그러나 요즘처럼 부동산 시장이 위축된 경우라면 이야기가 다릅니다. 예를 들어 2018년도 3사분기에 거래된 가격이나 현재 가격이나 실제 큰 차이가 나지 않으므로 시세를 파악하는 데 활용할 수 있습니다.

KB부동산 리브 온(Liiv On) 서비스

부동산을 매입할 때 금융대출은 매우 중요한 요소입니다. 이 요소를 잘 활용하면 실 거주를 위한 내 집 마련의 시간을 단축할 수 있고, 투자에 활용할 수 있습니다. 안타까운 점은 투기의 수단으로 활용되고 있다는 것입니다.

금융을 이용하기 위해서는 정부 규제 정책을 바탕으로 한 금융기관의 심사기준에 적합해야 합니다. 그 기준에 이용되는 것이 LTV, DTI, DSR입니다.

여기에 공시되는 가격은 은행들이 대출해주는 금액 기준이 됩니다. 웹사이트nland.kbstar.com와 모바일 애플리케이션으로 접속할 수 있습니다.

은행은 KB부동산에 공시된 가격에 LTV Loan to value Ratio, 주택담보인정비율, 개인 DTI Debt

PLUS TIP 신용등급 관리의 중요성

은행 대출담당자들이 앵무새처럼 하는 말이 있습니다. 서류를 심사해봐야 대출 여부를 알 수 있다는 것입니다. 부동산을 매수할 때 대출 없이 사는 사람은 드물죠, 이때 본인의 소득금액과 신용등급이 중요한 요소로 작용합니다. 사회 초년생들의 대부분은 신용등급의 중요성을 잘 모르고 있습니다. 무분별하게 신용카드를 사용하고 현금서비스, 카드론, 대부업체 대출 등을 받는 순간 신용등급은 하락합니다. 대학생 때부터 신용등급 관리가 중요합니다.

to income, 총부채상환비율를 적용해 대출 한도금액을 정합니다. 정부의 9.13 부동산 대책 이후 부동산담보대출 규제가 강화되었습니다. 2018년 10월 31일 자로 DSR Debt to service Ratio, 총부채원리금상환비율 준비율을 100~150%에서 70%로 낮추면서 대출받기가 어려워졌습니다. LTV, DTI가 주택담보대출을 규제하기 위한 제도였다면, DSR은 가계대출의 총량을 규제하는 제도입니다. 개인의 연간 총소득 대비 모든 대출의 연간원리금 상환액 부채원금 + 이자원리금이 차지하는 비율입니다.

네이버 부동산

네이버 부동산 land.naver.com에서 얻은 시세정보를 통하여 부동산 가격을 파악할 수 있습니다.

네이버 부동산에 등록하는 모든 물건은 (사)한국인터넷자율정책기구KISO 산하 부동산매물클린관리센터에 전달되어 물건의 기본정보 및 소유자 정보가 확인됩니다. 부동산매물클린센터에 접수된 내용과 해당 물건의 등기사항전부증명서상 공시된

PLUS TIP DTI와 DSR의 공통점과 차이점

DTI와 DSR은 대출을 받는 개인의 상환능력을 판단하는 소득규제입니다. 두 제도 모두 총소득에서 연간원리금 상환액이 차지하는 비율은 동일합니다. 그러나 연간원리금 상환액을 산정하는 공식이 달라 연간원리금 상환액이 다르게 산정되므로 대출받을 수 있는 비율이 다르게 나타납니다. DSR의 핵심은 '상환능력이 어느 정도에 해당하는가'로, 즉 총소득이 높고 소득증빙이 가능한 사람이 유리합니다. 반대로 소득증빙이 어려운 자영업자, 전문직과 소득이 낮은 사회초년생은 대출이 힘들어졌습니다.

● 네이버 카페 '피터팬의 좋은방 구하기'는 직거래에 특화되어 있습니다. 그러나 공인중개소를 이용하려는 경우라도, 미리 이 카페를 통해 실제 시세를 알아두면 도움이 됩니다. 자신이 원하는 지역, 방의 규모와 비슷한 매물들을 보며 실제 거래가를 인지한 후 직거래하거나 공인중개사를 찾아가면 좋을 것입니다.

내용을 확인, 이상이 없으면 네이버 부동산에 '확인매물'로 노출됩니다. 네이버 부동산에서는 확인매물 이외에도 다양한 검증방식을 시행하고 있습니다. 이런 검증 시스템을 통해 허위 매물을 차단하고 있습니다.

네이버 카페 '피터팬의 좋은방 구하기'

한편, 네이버 카페 '피터팬의 좋은방 구하기 cafe.naver.com/kig'는 거주하고 있는 임대인, 임차인이 중개업소를 통하지 않고 직거래를 하고자 물건을 노출시키는 곳입니다. 직거래인 만큼 현재의 가격을 알 수 있는 곳입니다. 비교적 딜 상업적인 공산이므로,

부동산 거래 시 이곳에 올라오는 가격을 비교할 수 있는 정보로 활용하면 됩니다.

부동산을 매도, 매수, 또는 거주 목적으로 가격 정보를 알고자 할 때는 최소한 이 두 곳의 가격을 수집·비교함으로써 현재 시점에 형성되어 있는 가격 정보를 분석하고 계획을 수립해야 할 것입니다. 시장에 형성되어 있는 실제 가격을 모르고 계획을 세우면 큰 오류가 발생할 수 있습니다.

마지막으로 지금까지 소개한 각 사이트들을 정리해보겠습니다. 국토교통부 실거래가 공개 시스템에서는 과거 거래된 가격을, 네이버 부동산에서는 팔고자 하는 가격을, KB부동산 리브 온에서는 대출 기준이 되는 가격을, 피터팬의 좋은 방 구하기에서는 임대 가격 등의 정보를 확인할 수 있습니다. 이와 같은 각 사이트별 특징을 알고 활용하는 것이 중요합니다.

전월세부터 경매와 투자까지,
부동산은 권리분석이 90%다

6

여러분은 집을 보러 가면 무엇부터 보시나요? 주변 동네는 어떤지, 교통은 편리한지, 아파트 단지의 규모는 어느 정도인지, 집 연식과 시설 상태는 얼마나 낡았는지 살펴보고 부동산에 나와 있는 동네 시세와 비교해볼 것입니다. 이렇게 집 상태나 주변 환경은 꼼꼼히 보면서, 정말 중요한 것을 간과하는 경우가 많아 안타까운 일이 벌어지곤 합니다.

그 중요한 부분이란 바로 '권리'입니다.

부동산은 다른 상품과 달리 가격이 정찰제로 형성되지 않습니다. 상품의 종류상가, 단독주택, 아파트 등, 지역, 교통 여건, 규모, 상권 등 부동산 가격을 형성하는 요인은 굉장히 많습니다. 그러므로 가격을 형성하는 복합적 요인을 잘 살피고 거래에 임해야 합니다.

어떤 물건이든 무언가를 사기 위해서는 먼저 값을 지불해야 하는 법이지요. 그런데 상품에 하자가 있다면? 값이 하락할 것입니다. 부동산도 마찬가지입니다. 거래 시 하자가 있는지 없는지 판단해서 하자 가격을 빼고 나머지 금액을 지급해야 합니다. 이러한 하자를 찾는 일이 곧 '권리분석'입니다.

재산에 대한 권리를 확인하는 것은 부동산 거래의 기본 중 기본입니다. 소유권과 관련하여 하자가 있지는 않은지, 소유권 이외에 다른 이슈는 없는지, 공부상^{토지대장, 건축물} 대장 면적은 어떤지, 토지의 성격^{토지이용계획확인원}은 어떠한지를 따져야 합니다. 이런 권리를 모두 파악한 후 약정한 대금을 지급하고 소유권 이전 등기를 완료하면 비로소 거래가 완료되는 것입니다.

권리분석이란 무엇인가

부동산 공부를 시작하면 "권리분석을 할 줄 알아야 한다"는 말을 자주 듣게 됩니다. 권리분석이란 무엇일까요? 권리분석은 대상 물건^{부동산}의 권리 상태를 파악하는 것으로, 부동산 거래 사고를 방지하기 위하여 필수적인 단계입니다. 민법·민사집행법·주택임대차보호법·상가건물 임대차 보호법·가등기 담보 등에 관한 법률 등 관련 법률에 따라 소멸하는 권리와 인수하는 권리를 확인하는 것으로, 크게 '공시된 권리분석'과 '미공시된 권리분석'으로 나뉩니다.

일반적으로 권리분석은 개업공인중개사들이 진행합니다. 거래를 알선할 때 물건의 하자를 찾고 법적·경제적 문제없이 계약을 체결할 수 있게끔

하는 것이지요. 공인중개사법에 따라 개업공인중개사들은 중개 의뢰인에게 소유권·전세권·저당권·지상권 및 임차권 등 해당 물건의 권리관계에 대한 내용을 자세하게 설명할 의무가 있으며, 이것이 제대로 되지 않아 거래당사자에게 손해를 입힌 경우 배상 책임을 지게 됩니다.

다시 말해, 권리분석이란 거래매매, 경매, 교환, 임대차 등하고자 하는 대상 부동산에 대한 하자, 즉 흠결사항을 찾아내는 활동입니다.

권리분석을 하려면 하자의 종류를 알아야 합니다. 하자에는 눈에 보이는 하자공시된하자와 눈에 보이지 않는 하자미공시된 하자가 있습니다.

- **눈에 보이는 하자** 압류, 가압류, 가등기, 가처분, 저당권, 근저당권, 전세권, 등기된 임차권 등
- **눈에 보이지 않는 하자** 당해세(국세, 지방세)▶, 미등기 임차권, 미지급 임금, 최종미지급 퇴직금 및 재해 보상금 등

> ▶ **당해세란?** 매각 대상이 되는 당해 부동산에 대해 부과된 조세입니다. 상속·증여 및 재평가세 등의 국세와 재산세·자동차세·도시계획세 및 지역자원시설세 등의 지방세가 있습니다. 당해세 납부 여부는 등기사항전부증명서 등에는 나오지 않습니다!

눈에 보이는 하자는 등기사항전부증명서상에 나타납니다. 그렇다면 눈에 보이지 않는 하자는 어떻게 확인할 수 있을까요? 이 부분은 소유주임대인의 협조 없이는 확인할 수 없습니다. 흔한 일은 아니지만, 눈에 보이지 않는 하자 때문에 소유권임대보증금을 상실하는 경우가 있습니다.

이와 관련하여 뉴스에도 보도되었던 황당한 사례가 있었습니다. 니코틴 중독으로 남편이 사망한 후 상속을 통해 아파트 소유권을 취득한 부인이 이를 제삼자에게

매각했습니다. 그런데 알고 보니 남편은 부인에게 살해당한 것이었고, 부인은 실형 선고를 받고 수감되었습니다. 이후 남편의 조카는 살인범이 재산을 상속받고 매매까지 한 것이 부당하다며, 제삼자에게 매매원인 무효 소송을 냈습니다. 결국 살인범^{부인}으로부터 집을 산 제삼자는 정상적으로 취득했음에도 불구하고 소유권을 상실하게 되었습니다. 매우 예외적이기는 하나, 보이지 않는 하자로 인하여 큰 손해를 입을 수 있다는 걸 보여주는 케이스입니다.

모든 부동산이 이처럼 위험한 것일까요? 그렇지는 않습니다. 그러나 위와 같은 사례가 발생한 근본 이유는 이해해야 합니다. 즉, 등기사항전부증명서에는 공신력이 없다는 사실을 알아야 합니다. 등기사항전부증명서는 권리관계를 보여주는^{공시} 역할만 할 뿐, 법적 권리를 보장해주는^{공신} 것은 아닙니다. 이를 담당하는 법원 등기관들에게는 형식적인 서류 심사권만 있습니다. 부동산 매매 이후 등기 이전 신청 시 부동산등기규칙에서 요구하는 서류를 첨부하면 이전 등기는 되지만, 이것이 진짜 실체가 있는 계약인지, 정말 소유자가 누구인지 확인할 권한은 등기관에게 없습니다. 권리분석과 관련하여 이런 지점을 이해해둘 필요가 있겠습니다. 이와 관련된 내용은 다음 챕터에서 보다 자세히 설명하겠습니다.

공인중개사에게만 기대지 말고 스스로 볼 줄 알아야 한다

앞서 권리분석은 개업공인중개사의 책무 중 하나라고 했습니다. 그러나 거래당사자인 일반인들도 권리분석을 배워둘 필요가 있으며, 전월세 거래 시에도 최소한의 권리분석은 할 줄 알아야 합니다. 권리분석을 잘못하여 임차 보증금을 일부만 돌려받거나 전부 못 받게 될 수도 있기 때문입니다.

예를 들어 1~2인 가구의 증가로 관악구와 동작구를 중심으로 다가구 형태의 주택이 2011년부터 활발하게 공급되었습니다. 각기 독립된 주거 공간에 임차인이 거주하고 있는데, 이들의 임대보증금 합계 금액을 알아야 합니다. 그래야 보증금을 돌려받는 데 있어 나의 순위를 알 수 있습니다. 다가구 전세 계약을 할 때는 반드시 계약 전에 임대인에게 보증금의 합계를 확인하십시오. 또 임대인의 세금 부분도 확인해야 하는데, 국세완납증명서와 지방세완납증명서를 통해 보이지 않는 하자가 있지는 않은지 파악해야 합니다.

권리분석은 가지고 있는 재산을 지키는 최소한의 방어요건입니다. 얼마를 가지고 있든, 크든 작든 재산은 소중한 것입니다. 공인중개사만 믿을 것이 아니라 스스로, 그리고 제대로 재산을 방어하고자 하는 노력이 필요합니다. 특히나 임차 보증금이 최소 수천에서 수억 원대까지 형성되고 있는 이 시대에 권리분석은 필수입니다.

위험 요소를 파악하고자 여러 사항을 요구하면, 이를 거부하고 안 해주는 임대인이 많습니다. 이런 상황에서는 어떻게 판단해야 할까요? 필자의 의견은 이렇습니다. 아무리 마음에 들고, 모든 조건이 나와 맞더라도 위험 요소를 알지 못한 상태에서는 계약하지 말아야 합니다. 이런 판단은 혼자 하는 것보다는 적극적으로 공인중개사를 활용하면 될 것입니다.

한편, 투자자들은 권리분석을 잘 알면 뜻밖에 좋은 기회를 잡을 수 있습니다.

얼마 전 지인의 부탁으로 경매가 진행 중인 물건을 컨설팅하게 되었습니다. 물건을 살 의사가 있는데, 판단할 정보가 부족하다는 것이었습니다. 주위 공인중개사 사무실을 다녀봐도 답답함만 커질 뿐이라고 했습니다. 경매가 진행된 사유가 무엇이며, 언제쯤 첫 매각 기일첫 경매 날짜이 잡히는지, 주위 시세는 어떤지, 임차인 현황은 어떤지 등 전반적인 내용과 투자 대비 임대수익, 매각 후 수익률을 조사해 알려드리기로 했습니다.

필자는 권리분석을 포함한 여러 가지 자료를 파악하기 위해 현장 확인, 임대 가격 조사, 등기사항전부증명서, 토지이용계획 확인원을 발급 후 공시된 권리관계부터 파악했습니다.

★ 등기사항전부증명서로 파악한 공시된 권리관계

구분	순위	채권의 종류	채권자	채권최고액	원금
1	2011. 08. 18.	근저당권	○○새마을금고	413,400,000	318,000,000
2	2017. 11. 15.	근저당권	손○○	90,000,000	60,000,000
3	2018. 09. 18.	가압류	지○○	27,000,000	27,000,000
소 계				530,400,000	405,000,000

★ 전입 세대 열람으로 파악한 2018년 11월 26일 기준 공시되지 않은 권리관계

구분	전입일자	성명	구분	전입일자	성명
1	2014. 09. 26.	전○○	7	2017. 02. 02.	박○○
2	2016. 01. 13.	황○○	8	2018. 03. 05.	황○○
3	2016. 08. 16.	최○○	9	2018. 05. 19.	김○○
4	2016. 09 .28.	양○○	10	2018. 07. 16.	곽○○
5	2016. 09. 19.	이○○	11	2018. 08. 10.	허○○
6	2018. 09. 18.	최○○			

▶ 2011년 8월 18일에 근저당권을 설정한 ○○새마을금고보다 전입일자가 빠른 세입자가 없어, 경매 입찰 시에 낙찰자가 별도로 부담해야 금액은 없는 것으로 판단했습니다. 계약이 안 될 경우, 차선책으로 경매 입찰 계획을 별도로 수립했습니다.

읽으면 좋지만, 조금 어려울 수도 있는 심화 학습 ▶▶▶

위 내용을 보면 인수되는 권리는 없다는 걸 알 수 있습니다. 국세 및 지방세는 차후 계약이 가시화되면 매도인으로부터 확인할 예정입니다. 일단 권리분석을 통해 위험 요소를 확인하고, 실물 자산에 대한 평가 후 인수 계획을 수립했습니다.

★ 지리적 위치 및 건물 규모

소재지	서울특별시 중구 ○○동 7○○ 근린생활시설 고시원
규모	지상 1~4층

지리적 특징을 보면 초등학교와 인접해 있으며, 단독주택과 다가구주택, 시장 등이 혼재되어 있습니다. 접근성 면에서는 도로와 접해있어 차량 출입이 용이하며, 인근에 버스정류장과 지하철역이 위치해 대중교통 이용이 편리합니다.

현재 사항은 2018년 10월에 강제경매 물건으로, 첫 경매 기일은 2019년 2월경으로 예상하고 있으며(특별한 사정이 없는 한), 현재일 기준 감정 평가 중이었습니다. 경매 신청자는 해당 건물에 거주 중인 전세 임차인입니다.

소유자가 제시한 매각 가격은 12억 원이며, 현재 경매가 진행 중이므로 중개사무소를 통한 매각은 어려울 것으로 판단했습니다. 경매개시결정 통지서 및 배당요구에 대한 안내문이 각 세대(임차인)별로 도달 또는 반송된 시점이었습니다.

필자는 여러 가지 상황을 수집, 종합해 본 결과를 바탕으로 컨설팅 의뢰인에게 인수금액을 11억 5천만 원으로 제시하고 경매 예상 기일 전인 2019년 1월까지 다음과 같은 인수 계획 절차를 밟기를 제안했습니다.

❶ ○○새마을금고 대출액 승계 여부 확인, 금리 확인
❷ 부동산 매매 계약, 경매권자 전세 보증금 반환과 동시 경매 취하서 법원 제출
❸ 세입자 재계약 여부 확인

매입을 전제로 운영방안을 수립했습니다.

총 14가구를 임대할 수 있으며, 주변 시세를 확인하여 각 방의 보증금은 천만 원, 월임대료는
45만 원, 관리비는 5만 원으로 책정했습니다. 14가구를 모두 임대 시 총 보증금 1억 4천만
원, 총 월임대료 630만 원, 관리비 70만 원입니다. 따라서 예상 수익률은 아래와 같으며
임대료 산정은 주변 시세 평균 이하로 책정했습니다.

구분	내역	금액	비고
실투자금액	매매 가격	1,150,000,000	
	대출	318,000,000	
	임대보증금	140,000,000	
	실투자금	692,000,000	
	연간 월세수입	75,600,000	
	대출이자	15,900,000	금리 5% 적용
	실제 연수입	59,700,000	연수입 - 대출이자
	연수익률	8.62%	연수입/자기자본금액

▶ 세전 수익률,
기존대출금 승계
조건(기타 보유세 등
미포함)

※ 일정한 가정이
포함되어 있으며, 향후
경제 상황의 변화
등 계량화되지 못한
위험요인이 존재하므로
의사 결정 시 이러한
위험요인을 고려해야
합니다.

실투자금은 6억 9천 2백만 원이며, 예상 취득 관련 비용은 약 5천 520만 원취득 가격×4.8%
국민주택채권 매입 할인율 등으로 변동 가능입니다. 합치면 총 7억 4천 720만 원을 들이는 것이니, 인수 2년
후 12억 5천만 원에 매도한다면 약 ±1억 원 정도의 운영수익과 $+\partial$의 매각 차익을 벌 수
있다는 계산이 나옵니다.
서울에서는 괜찮은 수익률입니다. 지인은 자료를 받아본 후 만족하며 필자의 사무실을
나섰습니다. 매수할 것인가, 안 할 것인가는 그분의 선택입니다.

이처럼 경매가 진행 중이라도 권리분석을 잘하면 경매 과정과 별도로 일반 계약을 할 수

있습니다. 경매의 과정이 생략되므로 다른 경쟁자와 경쟁할 필요가 없습니다. 모든 경매 물건이 다 이러한 경우에 해당되지는 않습니다. 필연적으로 경매로 갈 수 밖에 없는 물건이 있고, 위 사례처럼 경매 중이지만 계약을 통하여 매수할 수 있는 물건이 있습니다. 부동산을 정확하게 판단할 수 있는 분별력을 키우면 다양한 방법으로 수익을 얻는 방법을 찾을 수 있습니다.

충격과 공포…! 등기사항전부증명서만
신뢰했다가는 큰코다친다

7

많은 이들이 부동산 사기는 남의 일이라고 생각합니다. 과연 그럴까요? 지금껏
부동산 계약을 하며 당신이 챙겨온 서류들을 떠올려보십시오.

"등기사항전부증명서만 제대로 확인하면 되는 거 아닌가요?"

이렇게 생각한다면 당신도 얼마든지 부동산 사기의 피해자가 될 수 있습니다.
지금껏 피해를 입지 않은 것은 단지 운이 좋았을 따름입니다. 특히 전세 사기를
당하는 사람들의 90퍼센트 이상이 하는 말이 있습니다.

"등기사항전부증명서상 근저당이 없는 소위 '깨끗한 집'임을 입주 당일까지 분명히
확인했는데…"

등기사항전부증명서는 권리관계를 분석할 때 반드시 확인해야 할 문서 중
하나지만, 단지 이것만으로 모든 권리관계를 파악할 수는 없습니다.

이제껏 등기사항전부증명서만 믿고 계약해온 사람들에게는 충격적인 이야기일

것입니다. 등기사항전부증명서에 공시된 권리관계를 파악하는 것만도 힘든데, 그것이 아무것도 보장해주지 않는 그저 문서에 불과하다니….

공시력과 공신력, 자음 하나 다를 뿐인데…!

이를 이해하려면 먼저 공시와 공신의 차이를 알아야 합니다.

- **공시**(公示) 공적으로 알리는 것
- **공신**(公信) 공적으로 믿을 수 있는 것

토지대장, 건축물대장 지적 제도에 의해 지적부에 기록되는 사항은 국가 직접 또는 간접적으로 확인 및 조사한 후에 기재됩니다. 따라서 공신력을 인정받을 수 있습니다.

공시란 말 그대로 '알림'입니다. 사업의 내용이나 실적, 과거와 현재의 상황 등을 정리하여 알려주는 것입니다. 공신은 '믿을 수 있다'고 보증한다는 의미로, 다시 말해 공적으로 신용할 수 있는 것입니다. 이 두 가지의 결정적인 차이는 바로 형식적인 심사이냐 실질적인 심사이냐 여부에 있습니다.

PLUS TIP 지적부에 기록되는 사항은 공신력을 가진다

토지대장, 건축물대장 지적 제도에 의해 지적부에 기록되는 사항은 국가 직접 또는 간접적으로 확인 및 조사한 후에 기재됩니다. 따라서 공신력을 인정받을 수 있습니다.

공시력만을 가진 대표적인 예가 등기사항전부증명서입니다. 우리나라의 등기 제도는 형식적인 요건만 갖추면 서류 심사만으로 등기할 수 있습니다. 예를 들어, 내가 집을 샀는데 가만히 있으면 집의 소유자가 누구인지 다른 사람들은 알 수 없겠지요. 그래서 이 집이 내 소유라는 서류상의 증거들을 등기소에 제출하여 알리는 것입니다. 달리 말하자면, 이 집의 '진짜' 소유자가 누구인지를 실제로 조사하여 등기할 권한은 등기소에 없습니다. 바로 이 점을 주의해야 합니다.

사기와 시차의 문제가 존재하는 등기사항전부증명서

얼마 전 모 연예인이 등기사항전부증명서만 믿고 집을 샀다가 10억 원대의 사기 피해를 입었던 일을 털어놨습니다. 등기사항전부증명서상의 소유주를 확인하고 거래했는데, 몇 달 후 그 집의 진짜 주인이 나타났던 것입니다.

실제로 이와 유사한 사례들이 종종 발생해왔습니다.

A라는 사기꾼이 정밀하게 증여계약서 등 서류를 위변조하여 B의 집이 마치 자기 집인 것마냥 소유권 이전 등기를 했습니다. C는 등기사항전부증명서만 믿고 B의 집등기사항전부증명서 상에는 A의 집을 매매했습니다. 그런데 나중에 이 사실을 안 B가 말소등기청구소송을 통해 등기를 회복했습니다. C는 이미 사기꾼 A에게 매매 대금을 전부 혹은 일부 지급했고, A는 사라진 상황입니다. C는 등기사항전부증명서를 확인하고 거래한 것이라 호소하겠지만, 그렇더라도 등기사항전부증명서는 공신력이 없기 때문에 C는 구제받기 어렵습니다. 실제 사례를 바탕으로 재구성한 내용입니다.

이 같은 개인 간 매매뿐 아니라 금융기관에서 담보대출을 해주는 경우에도 등기사항전부증명서상 공시된 내용이 위조인지 아닌지 검증할 뾰족한 방법이 없습니다. 권리분석을 완벽하게 했더라도 우발적인 사안에 대처할 수 없는 것입니다.

그렇다면 왜 국가는 등기사항전부증명서의 공신력을 인정하지 않는 것일까요? 공신력을 인정하면 모든 부동산 거래에 대한 불안전 요소에 대하여 국가가 배상 책임을 져야 합니다. 얼마 전 이와 관련한 청와대 청원도 진행됐던 것으로 아는데, 이런 이유 때문에 현실적으로 쉽지 않은 이야기입니다.

한편, 등기사항전부증명서의 또 한 가지 치명적 단점은 실시간으로 권리변동 사항을 기재할 수 없다는 것입니다. 즉 등기사항전부증명서상의 정보에는 '시차'가 있습니다.

한 예로 아파트 전세 계약을 2018년 1월 2일 오전 10시에 체결하고, 잔금을 2018년 2월 1일 오후 11시에 지급하기로 했다고 가정해보겠습니다.

PLUS TIP 전세 계약 시에는 반드시 주의할 것

사실 공시된 권리는 부동산 용어만 이해해도 바로 알 수 있습니다. 그러나 미공시된 권리 정보는 수집하는 데 한계가 있습니다. 필자는 부동산 계약 전 등기사항전부증명서뿐 아니라, 국세완납증명서, 지방세완납증명서, (소유자가 신탁사일 경우에는) 신탁원부 등을 반드시 확인하길 권유합니다.

그러나 임대인들은 이해관계가 걸린 상황이라 정보 공개에 민감합니다. 임차인이 각종 조세 관련 납부 증명서를 요구하더라도 들어주지 않을 가능성이 높습니다. 임대인과 임차인은 아무래도 갑을의 관계일 수밖에 없으므로, 전세 계약 시에는 신중에 신중을 기해야 하겠습니다

계약서를 작성하기 전 등기사항전부증명서를 오전 10시에 열람^{發給}하여 권리분석한 결과, 하자는 없었습니다.

그런데 잔금일에 등기사항전부증명서를 다시 열람하여 계약일에 열람한 것과 비교해보니 다른 점이 있었습니다.

을구에 근저당권 설정이 되어 있고 접수란에 '2018년 01월 02일 제1234호'로 표기되어 있는 것입니다. 분명 2018년 1일 2일 계약할 때 열람한 등기사항전부증명서에는 없었는데 말입니다.

과연 계약 이후 이 아파트에 무슨 일이 벌어진 것일까요?

극단적인 예이지만, 이처럼 권리변동에 시차가 생기는 이유는 부동산이 소재한 지역의 등기소에 등기 신청이 접수된 시점이 권리변동 기준이 되기 때문입니다. 위 사례와 비슷한 경우가 잔금일에 발생할 수 있습니다. 이런 이유로 등기사항전부증명서는 최초 계약 시점부터 잔금일까지 반드시 여러 번 확인해야 합니다. 이는 부동산 계약 시 가장 중요한 사항이기도 합니다. 이 또한 하자를 예방하는 권리분석의 기초 단계인 것입니다.

눈에 보이지 않는 하자, 조세 채권

등기사항전부증명서만 믿어서는 안 되는 또 하나의 이유는 조세 체납 가능성 때문입니다. 조세란 국세와 지방세 등 세금을 말합니다.

결혼을 앞둔 A씨는 작은 아파트를 전세로 계약했습니다. 전세금은 1억 원으로,

집주인이 매매할 당시 발생한 근저당이 있기는 했지만 전세 보증금이 위험할 정도는 아니란 판단에 계약을 진행했습니다. 입주 후에는 확정일자도 받았지요. 그런데 1년 뒤, 집은 공매로 처분되었고 A씨는 배당 순위가 밀려 전세금의 10%인 1천만 원밖에 못 받게 되었습니다. 실제 사례를 바탕으로 재구성한 내용입니다.

대체 무슨 일이 있었던 것일까요?

바로 집주인의 세금 체납 때문이었습니다. 수년에 걸친 체납금에 대하여 국세징수가 이뤄졌던 것입니다. A씨는 세금 체납으로 인해 집이 공매에 넘어간다는 한국자산관리공사의 통지서를 받은 후 바로 알아보았으나, 국세 법정기일이 A씨의 확정일자부 우선변제권보다 앞서 배당 순위에서 밀릴 수밖에 없었습니다. 그렇게 꼼짝없이 전세금의 90%를 날리게 된 것입니다.

억울한 상황이지만, 구제 방법이 없습니다.

NEWS CHECK

전입신고 날 근저당 건 집주인…
"보증금 1억이
전 재산인데 눈물만 납니다"
— 2019.01.13, KBS

근저당은 등기완료(등기 접수일 기준) 후 효력이 발생하나, 대항력은 전입신고 + 점유 이후 전입 신고일 다음날 0시부터 발생하여 일어난 억울한 상황입니다. QR코드로 뉴스를 직접 읽고 참고 해보세요

PLUS TIP 확정일자만 받아서는 아무 효력이 없다!

만약 2019년 1월 2일에 전입신고를 하고, 3일 후인 2019년 1월 5일에 확정일자를 부여받았다고 해봅시다. 대항력과 우선변제권 발생 시점은 언제일까요? 대항력은 2019년 1월 3일 0시, 우선변제권은 2019년 1월 5일입니다. 대항력은 전입신고 + 점유가 이루어져야 발생하며, 확정일자부 우선변제권은 꼭 대항력을 갖춰야만 효력이 있습니다. 즉 확정일자만 받아서는 아무런 효력이 없음을 꼭 알아야 합니다.
반드시 전입신고와 확정일자를 동시에 신고 및 부여받아야 하겠습니다.

문제는 체납 사실과 법정기일▶이 공시되지 않는다는 것입니다. 그러므로 등기사항전부증명서의 '보이지 않는 하자'가 됩니다. 전입신고 + 확정일자^{대항력과} 우선변제권를 받았더라도 법정기일이 전입신고 + 확정일자에 앞서면, 다시 말해 조세 체납 후 법정기일이 전입신고 + 확정일자 전에 발생했다면 국세가 우선하게 됩니다.

이같이 보이지 않는 하자를 확인할 방법은 한 가지입니다. 앞장에서도 언급했듯, 임대인에게 국세 완납증명서와 지방세 완납증명서 등을 요청하는 것입니다. 위임장을 받는 등 임대인의 동의를 얻어 세무서에서 국세 완납 현황을 열람할 수도 있습니다. 주택뿐 아니라 상가 임대계약 시에도 반드시 필요한 절차입니다.

정리해봅시다. 아래 사항은 반드시 확인해야 합니다.

첫째, 해당 부동산에 부과된 세금^{당해세}

둘째, 잔금일 이전 또는 대항력 + 확정일자 이전에 법정기일이 발생한 세금

이쯤되면 궁금할 것입니다. '등기부사항전부증명서 외에, 보이지 않는 하자까지 모두 확인할 수 있는 다른 대안은 없을까? 이 모든 걸 한 번에 보여주는 서류는

PLUS TIP 매수의 경우에도 주의하자!

아파트로 이사한 후 잔금을 지급하고 취득세까지 낸 상태에서 소유권을 바로 이전받지 못했는데, 이전 소유주의 세금 체납으로 인해 아파트가 공매에 넘어간 경우도 있습니다. 이런 상황을 피하려면 잔금일 전에 전 소유자의 국세, 지방세 완납증명서를 꼭 확인해야 합니다.

없을까?'

안타깝지만 없습니다.

가장 기본은 등기사항전부증명서를 볼 줄 알아야 하는 것이며, 그다음은 계약이 완료되는 시점까지 확인하는 것입니다. 그리고 계약 시에는 국세 및 지방세 완납증명서 등을 요구하는 신중함이 필요하겠습니다.

NEWS CHECK

집주인 국세 채납에 못 받은
보증금 3년간 80억
— 2019.03.15, 서울신문

집주인이 세금을 내지 않아 주택이 경매로 넘어
간 결과 세입자가 돌려받지 못한 임대 보증금이
최근 3년간 무려 80억 원에 이른다는 기사입니
다. 집주인의 세금 체납은 등기사항전부증명서
에는 보이지 않는 사각지대입니다.

구해주길 바라지 말고
네 살길을 찾아, 홈즈!

8

집 구경은 우리의 흥미를 자극합니다. 방송의 오래된 인기 소재이기도 합니다. 그런데 기존의 집 구경이 인테리어가 잘 된 집, 천지개벽한 듯 리모델링한 집 위주였던 데 비해 요즘 아무것도 없는 집, 심지어 남이 이사할 살 집을 구하는 프로그램이 인기를 끌고 있습니다. MBC 〈구해줘! 홈즈〉가 그것입니다.

이 프로그램은 부동산을 소재로 한 파일럿 프로그램으로 시작, 정규방송으로 자리를 잡은 후 첫 방송부터 2049 시청률 동시간대 1위를 기록했다고 합니다. 그만큼 주택에 대한 관심이 높다는 방증일 것입니다. 산업 경제가 발달되고, 트렌드가 빠르게 변화함에 따라 소비자들의 욕구 또한 다양해졌습니다. 그러나 우리네 집들은 어떤가요? 천편일률적인 아파트 일색이라, 다채로운 욕구를 채워줄 거주 공간을 찾기란 쉽지 않습니다. 그런 와중에 경험해보지 못한 다양한 공간을 간접 체험하는 측면이 시청자들에게 매력으로 작용했을 것입니다.

예산에 따라 다양한 지역의 크고 작은 집들, 새 집과 낡은 집을 보여주어 지역별 시세 그리고 공간을 비교해보는 재미도 쏠쏠합니다. '이 가격에 저런 집이?'라며 놀라고 감탄하는 경우가 있는가 하면, '아니, 가격이 얼마인데 집이 저 정도밖에 안 돼?'라며 서울의 높은 집값을 다시 실감하는 경우도 있습니다.

이 프로그램에 출연하는 패널들은 일반인 출연자_{의뢰인}가 원하는 조건과 예산에 맞춰 각자 자신이 찾은 집을 소개하고, 의뢰인의 선택을 받습니다. 연예인 패널들이 마치 공인중개사의 역할을 하는 듯 보입니다. 그런데 어라, 한 가지 이상한 점이 있습니다. 집을 보기도 전에 체크하는 그 '무엇', 집을 보고 나서 계약 당일까지도 끊임없이 신경을 곤두세워야 하는 그 '무엇'에 관한 언급이 전혀 없는 것입니다.

인기 예능에서 빠뜨리고 있는 그 무엇이란?

방송에서 출연진들이 나눈 이야기 중 이런 대목이 있었습니다. 출연진_{신입코디}으로 참여한 어느 방송인이 과거에 중개보조원으로 활동했다며, 그럼에도 불구하고 사기까지 당했다고 합니다. 그러자 다른 출연진이 '업자도 다른 업자에게 사기를 당하느냐'며 반문합니다.

굉장히 심각한 이야기를 웃으면서 나눴던 것입니다. 우리는 이 부분을 심각하게 받아들여야 합니다. 예능으로 쉽게 넘길 일이 아닙니다. '업자도 사기당한다'라는 대목에서 관련된 거래에 얼마나 많은 위험이 도사리고 있는지를 실감해야 합니다.

기우일 수도 있지만, 마치 쇼핑을 즐기듯 주택을 구경하고 중개하는 모습으로 인해 이 프로그램을 보고 집을 처음 구하거나 부동산 관련 경험이 적은 청년들이 '집은 으레 저렇게 보고 구하는 것'이라고 생각하게 될까 우려됩니다. 다시 말해, 집을 결정하는 기준으로 너무 단순한 조건들만을 고려하게 될까 걱정이 앞섭니다.

부동산은 단순히 거주의 공간으로만 보아서는 안 됩니다. 우리가 사는 집은 우리의 중요 자산이기도 합니다. 그러므로 시장이 좋지 않은 상황일수록 더욱 신중한 접근이 필요합니다. 부동산은 법률 및 정책과도 매우 밀접한 관계가 있습니다. 단순히 외적으로 보이는 모습만 보고 판단해서는 안 되는 것입니다.

그런데 방송은 예능 프로그램 특성상 재미를 강조하다 보니 집 안을 보여주는 데만 주력하고 있습니다. 여기에 더해 보증금, 월세, 관리비용과 옵션 사항을 제시합니다. 뭔가 분석한다고 하는 일이 의뢰인의 집과 직장 사이의 이동 시간을 제작진이 직접 측정하는 것입니다.

가격과 관련해서도 시세에 맞는 적정가를 찾기보다는, 의뢰인의 예상보다 낮으면 대개 저렴하다고 반응하는 모습을 볼 수 있습니다. 아무리 예능이라도 방송의 파급효과를 고려하여 검증을 통해 정확한 정보를 전달해야 하지 않을까 생각됩니다. 단지 재미 위주로 방송되는 것이 아쉽습니다.

여기서 감이 오십니까? 앞서 말한, 이 프로그램에 빠져 있는 '무엇'! 그것은 바로 권리분석입니다. 보증금과 월세만 보고 '우와, 저렴하네!'라고 생각했는데 등기사항전부증명서를 보면 왜 그리 저렴한지 알게 되는 집들이 있습니다. 그런 집이라면 실내 인테리어가 아무리 깔끔하고, 보증금이 예산에 맞아도 컨디션이 좋지 않은 집입니다. 의뢰인이 세입자인 경우 불미스러운 일이 발생할 것을 대비하여 권리분석을 통해 의뢰인의 보증금은 안전한가, 세입자의 순위는 어떻게 되는가 등 실제 필요한 이야기가 빠져있다는 느낌입니다. 의뢰인에게는 중요 자산인 집을 소개하는 데 있어, 어찌 보면 가장 중요한 권리관계 이야기가 전혀 나오지 않아 걱정스럽습니다.

또한 방송을 보면 종종 미분양 주택을 소개하는 모습이 보이는데 이와 관련해서도 장점과 단점^{위험성}을 고지할 필요가 있다 보여집니다.

보이는 것이 다가 아니다! 현명한 시청의 자세가 필요한 이유

실제로 필자가 방송에 소개된 주택단지의 건축물대장을 확인한 결과, 해당 방송일 기준 준공일으로부터 약 1년 10개월이 지난 집이었습니다. 한 가지 이상한 점은 같은 단지 내 준공 시기가 비슷하고 규모 또한 비슷한 집의 매매가가 방송에 소개된 가격과 달랐다는 것입니다. 방송에 나온 집 바로 옆에 위치하고 있으며 이미 분양된 주택의 가격을 보니, 방송된 것과 수천만 원의 차이가 있었습니다. 방송에서 소개된 건축물의 규모^{토지 포함}와 실제 매매된 건축물 규모를 비교했을 때의 편차에 비해 가격 차이가 다소 높게 보였습니다.

준공일 이후 현재까지 분양이 안 되어 방송에 소개되었다면 미분양된 주택으로 보아도 무방하지 않을까요? 게다가 미분양된 물건이 분양 시점 가격보다 높은 가격으로 방송에 노출된 점이 의아합니다. 특히 도심 외곽지역에 위치한 타운하우스전원주택 등은 부동산의 가치, 즉 가격을 평가하기가 무척 어렵습니다. 도심지역 내 부동산들은 가치를 평가할 기준을 찾기가 용이한 반면 도심 외곽은 가치 평가가 어려우므로 매입 계획이 있다면 더욱 신중하게 판단해야 합니다.

이런 이야기를 하면 방송인데 오죽 알아서 잘하겠느냐는 반문이 있을 것입니다. 물론 방송 이후 계약 진행 시 중개업자가 확인 설명을 하겠지요.

그럼에도 방송은 굉장한 힘이 있습니다. 즉 공신력이 있는 것입니다. 특히 지상파 방송의 인기 있는 프로그램인 만큼 〈구해줘! 홈즈〉의 파장은 클 것입니다. 부동산 계약은 개개인에게 중대한 선택이며, 특히 이 프로그램은 실제 거주할 공간을 중개하는 성격이니만큼 예능이라도 좀 더 신중하길 바라는 마음입니다.

독자분들 가운데도 이 방송을 즐겨보는 분이 많을 것입니다. 방송을 보며 우리가 명심해야 할 것은 '방송에서 체크하는 것들은 가장 기본적인 사항이며, 이 이후 계약 진행 전 고려해야 할 사항을 공부해야 한다'는 점입니다.

방송에서 보여주는 내용은 극히 일부분이므로 보여지는 것 외에 본질적인 지점을 확실히 알아야 할 것입니다.

눈에 보이는 하자보다 눈에 보이지 않는 하자가 중요하다.

혹시 있을지 모르는 위험 요소를 찾아내 피하는 능력,
위험에 대한 대비책을 마련해두는 능력,
위험이 닥쳤을 때 침착하게 대응할 능력,
최소한 이 세 가지를 갖춰야 한다.

님아 그 계약은
하지 마오

2교시

알면 무기가 되는 생존 교양
부동산 거래의 정석

법은 권리 위에 잠자는 자를 지켜주지 않는다.
— 유돌프 폰 예링(독일의 법학자)

서류는 정확하게, 확인은 까다롭게, 계약은 신중하게.
잘못된 계약으로 인한 고통은
결국 계약 당사자(본인)의 몫이다.
우리는 적극적으로 권리를 찾고 주장함으로써
자신을 지킬 책임이 있다.

부동산 용어와 친해지면
반은 먹고 들어간다

1

우리는 살아가면서 몇 번이나 이사를 할까요? 제가 아는 지인의 나이는 마흔입니다. 20세에 대학에 진학하며 독립하여 지금까지 15번의 이사를 했습니다. 1~2년 간격으로 집을 옮겨 다닌 것이지요. 그러니 얼마나 많은 집을 보고, 그 집들의 등기사항전부증명서를 확인해보았을까 싶어 그에게 "등기사항전부증명서를 보는 데는 도사가 됐겠다"고 말했습니다. 그러자 지인이 되묻는 것이었습니다.

"그거 볼 줄 알아야 하는 거야?"

그러면서 등기사항전부증명서에 나오는 용어를 잘 모른다고 하는 것이었습니다. 공인중개사가 설명하면, 잘 이해되지 않아도 그러려니 한다는 거지요.

부동산 용어는 일상에서 잘 쓰지 않는 용어입니다. 이사를 할 때나 부동산 관련 일을 하려 할 때 외에는 딱히 자주 접할 일이 없는 용어이기도 하지요. 그러나 적어도 등기사항전부증명서에 등장하는 부동산 용어 정도는 반드시 공부해둬야 합니다.

비록 자주 쓰지 않는다고 해도, 살아가며 이사 한 번 하지 않는 사람은 없으며, 대개의 경우 부동산 계약 시에는 목돈이 오가기 때문입니다.

알고 듣는 것과 모르고 듣는 것은 천지 차이

이사할 때면 대부분 찾게 되는 곳이 있습니다. 바로 공인중개사 사무실입니다. 요즘은 임대인과 임차인, 또는 임차인과 임차인 간의 직거래가 늘고 있어 공인중개사를 거치지 않는 경우도 있습니다. 그러나 직거래가 아니라면 반드시 공인중개사를 만나게 되지요.

공인중개사의 역할은 단순히 집을 보여주고 계약을 중개하는 것이 아닙니다. 이사하려는 공간이 마음에 들어도, 서류상 문제가 있으면 절대 계약해서는 안 됩니다. 일반인은 그러한 판단을 내리기가 어렵기 때문에 중개사무소에 의뢰하는 것입니다.

그런데 중개사무소가 항상 객관적이고 공정하게만 이야기하는 것은 아닙니다. 때로는 임대인 입장에 치우쳐 말하기도 합니다. 계약하려는 물건에 어떤 위험 요소가 있지는 않은지 등을 분별력 있게 판단하려면 공인중개사가 설명하는 내용을 이해해야 합니다. 계약의 일차적인 책임은 계약 당사자에게 있기 때문입니다.

물론 개업공인중개사들은 중개물건을 확인하고 설명할 법적인 의무가 있습니다. 그러나 이 같은 확인 설명은 계약에 필요한 사항을 고지하는 것일 뿐, 계약 여부는 당사자들의 몫입니다. 아니, 어쩌면 거의 임차인의 몫이라 할 수 있습니다. 임대인이야 계약을 해야 하는 입장이므로, '계약할 것인지 말 것인지'는 임차인에게 달려 있습니다. 그러므로 '공인중개사가 소개했으니 괜찮겠지'라는 안일한 생각에서 벗어나, 설명을 이해하고 분석할 힘을 길러야 합니다.

부동산 거래 전,
반드시 알고 가야 할 최소한의 용어들

2

공인중개사의 확인 설명 사항 중 가장 중요한 부분은 권리관계에 관한 것입니다. 권리관계의 사전적 의미를 보면 '사람과 사람 간에 있어서 법률상 의무를 강제할 수 있는 관계'라고 되어 있습니다. 간단하게 설명하자면, A가 B의 재산과 관련하여 강제할 수 있는 권리가 있는 경우 두 사람은 권리관계입니다. 좀 어렵지요? 법률 용어라서 그렇습니다. 권리관계를 분석하는 이유는 자신의 재산보증금, 잔금, 중도금 등을 위협하는 요소가 있는지를 확인하기 위해서입니다.

　개업 공인중개사를 통해 거래하면 3가지 서류를 받게 됩니다. 계약서, 중개대상물 확인설명서, 업무보증설정서류공제증서 또는 보증보험증권가 그것입니다. 이 3가지 서류 중 중개대상물 확인설명서에 권리관계에 대하여 옆의 이미지81페이지 참고와 같이 기재하게 되어 있습니다.

　임차인은 이 중 기본적인 사항과 세부 확인사항에 대해 반드시 확인해야 합니다.

Ⅰ. 중개업자 기본 확인사항

②권리관계	등기부 기재사항	소유권에 관한 사항		소유권 외의 권리사항	
		토 지		토 지	
		건축물		건축물	

Ⅱ. 중개업자 세부 확인사항

⑨실제권리관계 또는 공시되지 않은 물건의 권리 사항	

개업 공인중개사의 설명을 들었는데도 잘 이해되지 않는다면, 다시 물어봐야 합니다. 잔금일 기준으로 권리 순위가 어떻게 되는지, 계약 기간 종료 시 보증금 반환에 대한 위험 요소가 없는지 등을 꼼꼼히 확인하고 물어봐야 합니다. 직거래 시에는 반드시 주위에 조언을 얻어야 합니다.

그렇다면 특히 주의해서 봐야 할 사항은 무엇일까요?

첫째, 집합건물일 경우 기본 확인사항 중 토지 별도등기 유무를 꼭 확인해야 합니다. 등기사항전부증명서에 갑구, 을구란에 기재되는 것이 아니라 표제부 대지권의 표시란에 기재되기 때문에 이 내용을 그냥 지나치는 경우가 많습니다. 특히 신축 다세대, 1동 아파트_{일명 '나홀로 아파트'}, 신축 연립, 신축 오피스텔_{도시형 생활주택} 등처럼 세대별로 등기가 되어 있는 구분 등기 공동주택의 경우 토지 별도등기를 반드시 확인할 필요가 있습니다. 82페이지 이미지 및 설명 참고.

둘째, 등기사항전부증명서 표제부 건물내역에 '근린생활시설 및 공동주택' 또는 ○○지붕_{예를 들면 슬래브지붕 등} 공동주택_{다세대주택} 으로 기재되어 있으며, 저층부_{1-3층}

등기사항전부증명서(말소사항 포함) - 집합건물

【 표　　제　　부 】　　(1동의 건물의 표시)

표시번호	접　수	소재지번,건물명칭 및 번호	건 물 내 역	등기원인 및 기타사항
1			철골철근콘크리트구조 티150데크 슬래브지붕 5층 근린생활시설(소매점, 학원), 업무시설(사무소) 지하1층 721.54㎡ 1층 484.46㎡ 2층 484.46㎡ 3층 484.46㎡ 4층 484.46㎡ 5층 484.46㎡	도면 제 호

(대지권의 목적인 토지의 표시)

표시번호	소 재 지 번	지 목	면 적	등기원인 및 기타사항
1	1. 2.	대 대	810㎡ 170㎡	

【 표　　제　　부 】　　(전유부분의 건물의 표시)

표시번호	접　수	건물번호	건 물 내 역	등기원인 및 기타사항
~~1~~		~~제1층 제101호~~	~~철골철근콘크리트구조 389.82㎡~~	~~도면 제 호~~
2		제1층 제101호	철골철근콘크리트구조 135.34㎡	분할로 인하여 72.72㎡ 를

표시번호	접　수	건물번호	건 물 내 역	등기원인 및 기타사항

(대지권의 표시)

표시번호	대지권종류	대지권비율	등기원인 및 기타사항
1	~~1, 2 소유권대지권~~	~~980분의 198.3404~~	년6월8일 대지권 년6월14일
2			별도등기 있음 1토지(을구4번 가압류, 을구4,9,12번 근저당권설정등기), 2토지(을구4번 가압류, 을구9,6,11번 근저당권설정등기) 년6월14일
3			2번 별도등기 중 일부말소 별도등기 있음 1토지(을구 4,9,12번 근저당권 설정 등기), 2토지(을구 3,8,11번 근저당권설정등기) 년9월16일
4	1, 2 소유권대지권	980분의 68.8610	년10월26일 변경 년10월28일

● 집합건물 등기사항전부증명서상 하자에 상관없이, 대지권 표시란에 별도등기 표시가 있다면 해당 토지 등기사항증명서를 꼭 확인해야 합니다. 훗날 위험한 지뢰로 작용할 수 있습니다.

거래 시에는 주의하십시오! 일명 '근생주택'이라고 중개하는 경우가 있습니다. 근생주택이란 단어가 생소할 텐데요, 건축법상에는 존재하지 않는 용어이기 때문입니다. 건축물대장의 용도란에 '근린생활 시설' 또는 '사무소'라고 표기되기도 합니다. 이는 근린생활 시설을 주택으로 용도 변경한 경우로, 같은 동이나 면적에 비해 임대 가격이 낮게 형성되어 있습니다. 84페이지 이미지 및 85페이지 하단 설명 참고.

이런 경우에는 매입해서도, 전월세 계약을 해서도 안 됩니다. 다시 매각하기가 상당히 힘들고, 임대 또한 어렵습니다. 당장 상황이 급하다고 해서 '별일 있겠어'라는 마음으로 결정하면 2년 후 더 큰 일로 번질 수가 있습니다. 계약 기간이 만료된 시점에서 임차 보증금을 받기 힘든 상황이 종종 생깁니다.

셋째, 미분양분 임대가 아닌지 확인해야 합니다. 부동산 시장이 하락세일 경우 시행사, 시공사 보유분 또는 건축주 보유분, 다시 말해 미분양분을 임대하는 경우가 많습니다. 여러 가지 이유로 분양자와 법적 분쟁이 자주 일어나므로 이 또한 조심해야 합니다.

이외에도 공인중개사를 만나기 전, 다음의 용어들 정도는 알고 가는 것이 좋겠습니다.

● **소유권**   재산권의 기본으로, 물건을 전면적으로 지배할 수 있는 권리. 소유권자와 거래를 하고 있는 것이 맞는지(대리인이 아닌지), 계좌번호 등이 소유권자의 것이 맞는지 등을 확인해야 합니다.

등기사항전부증명서(말소사항 포함) - 집합건물

[집합건물]   제1층 제102호   고유번호

【 표 제 부 】 (1동의 건물의 표시)

표시번호	접 수	소재지번,건물명칭 및 번호	건 물 내 역	등기원인 및 기타사항
1	2015년7월8일		철근콘크리트구조 평슬라브지붕 5층 공동주택(다세대주택) 지층 196.89㎡ 1층 113.93㎡ 2층 177.01㎡ 3층 177.01㎡ 4층 160.85㎡ 5층 144.09㎡ 옥탑1층 14.33㎡	

(대지권의 목적인 토지의 표시)

표시번호	소 재 지 번	지 목	면 적	등기원인 및 기타사항
1	1. 2. 3.	대 대 대	139㎡ 149㎡ 148㎡	

【 표 제 부 】 (전유부분의 건물의 표시)

표시번호	접 수	건물번호	건 물 내 역	등기원인 및 기타사항
1		제1층 제102호	철근콘크리트구조 28.57㎡	

■ 건축물대장의 기재 및 관리 등에 관한 규칙 [별지 제5호서식] <개정 2011.9.16>

집합건축물대장(전유부, 갑)

장번호 : 1 - 1

고유번호						명칭		호명칭	
대지위치				지번			도로명주소		102

전유부분

구분	층별	※구조	용도	면적(㎡)
주	1층	철근콘크리트구조	제2종근린생활시설(기타사무소)	28.57
		- 이하여백 -		

소유자현황

성명(명칭) 주민(법인)등록번호 (부동산등기용등록번호)	주소	소유권 지분	변동일자 변동원인
		1/1	소유권이전
- 이하여백 -			

공용부분

구분	층별	구조	용도	면적(㎡)
주	지1층	철근콘크리트구조	지하주차장	7.83
주	각층	철근콘크리트구조	계단실	5.84
주	1층	철근콘크리트구조	화장실	1.59
		- 이하여백 -		

※ 이 건축물대장은 현소유자만 표시한 것입니다.

공동주택(아파트) 가격 (단위 : 원)	
기준일	공동주택(아파트)가격

• 「부동산 가격공시 및 감정평가에 관한 법률」 제17조에 따른 공동주택가격만 표시됩니다.

이 등(초)본은 건축물대장의 원본내용과 틀림없음을 증명합니다.

열람일 :
담당자 :
전 화 :

※경계벽이 없는 구분점포의 경우에는 전유부분 구조란에 경계벽이 없음을 기재합니다.
※ 이 장은 전체 2쪽중에 (현재 1 쪽입니다.

이 건축물대장은 열람용이므로 출력하신 건축물대장은 법적 효력이 없습니다.

297㎜×210㎜[일반용지 60g/㎡(재활용품)]

- **근저당권**　채권액에 대하여 부동산에 설정하는 저당권. 근저당이 있으면 해당 물건을 담보로 대출을 받은 것입니다.

- **전세권**　계약 기간이 끝난 후 전세금을 반환받을 권리. 전세금 설정 등기를 하면 세입자는 만약의 경우에도 전세금을 우선적으로 변제받을 수 있습니다. (전세권 등기보다 앞선 저당권이나, 세금 체납 등이 있으면 후순위로 밀리게 됩니다.)

- **가압류**　채권자가 미리 채무자의 재산을 압류하여 확보해놓는 것. 가압류되면 현상은 유지되지만, 재산권 행사에 제한을 받게 됩니다.

- **압류**　채권자의 신청을 받은 국가기관이 강제로 채무자의 재산을 확보하는 것. 압류된 재산은 강제적으로 처분됩니다.

- 등기사항전부증명서에는 건축물의 용도가 나오지 않습니다. 공동주택 중에서도 다세대 및 연립주택의 층수가 5층 이상일 경우 집합건축물대장 전유부의 용도 및 면적을 확인해야 합니다. 만약 용도란에 제2종 근린생활 시설로 표기되어 있는데 주택으로 사용 중이라면 주의해야 합니다. 용도와 실제 사용되고 있는 현황이 다르기 때문입니다.

집주인과 얼굴 한 번 못 봤다면…,
그 계약이 위험하다!

3

바쁘게 살다 보면 나 대신 일해 줄 사람이 필요한 경우가 생깁니다. 본인 일을
대신해주는 사람을 대리인이라고 합니다. 우리가 일상에서 많이 접하는 배달 대행도
대리인에 속하지요. 종종 분쟁도 일어납니다. 가장 잦은 것은 아마도 분실이나 파손이
누구 책임이냐 하는 문제일 것입니다. 이런 분쟁에서는 한 가지만 기억하면 됩니다.
본인을 위하여 일을 해주기 때문에 대리인이 하는 행위에 대한 결과는 본인에게
귀속된다는 것입니다. 그러므로 대리인의 행위 자체가 매우 중요합니다. 특히 민감한
사안을 대리할수록 위임장에 대리인 행위 범위, 기간 등을 지정해줘야 합니다.

부동산 계약 시 자주 일어나는 것이 대리 계약입니다. 임대인^{집주인}이 수술이나 병환
등으로 이동할 수 없다거나, 해외에 거주하고 있는 등 사정상 집주인과 직접 계약하기
어려운 경우가 있습니다. 이런 때는 대리인과 계약서를 작성하게 됩니다.
이런 일이 흔해서인지, 의외로 대리 계약을 가볍게 생각하는 사람이 많습니다.

"본인이 바쁘면 배우자나 부모님, 아니면 가까운 주변인이 와서 대신 도장을 찍을 수도 있는 것 아닌가요?"

틀린 이야기는 아닙니다. 다만 위험한 생각일 뿐이지요. 대리 계약의 위험성을 이야기하면 이렇게 되묻는 분이 한두 명이 아닙니다. 심지어 일부 공인중개사조차도 그렇습니다. 그러나 대리 계약으로 인한 문제는 생각보다 간단치가 않습니다.

부동산 계약에서 계약 당사자를 확인하는 것은 제일 중요한 절차 중 하나입니다. 계약 이후 잔금을 지불할 때까지 다른 변경 사항이 생기지 않으면 다툼이 없겠지만, 어떤 이유로든 사정이 변경되면 계약상의 하자를 찾게 됩니다. 이런 일은 특히 대리 계약을 한 경우 많이 발생합니다. 양 당사자임대인과 임차인 간 충분한 협의 없이 계약이 진행됐기 때문입니다.

한편, 부동산 중개업소에서 위임장 없이 대리 계약을 하는 경우도 있습니다. 가족이라거나 정말 잘 아는 지인이라며 도장만 가지고 계약서를 작성하러 오기도 합니다. 이런 경우 절대 계약해서는 안 됩니다.

문제는 항상 계약 후에 발생한다는 사실을 잊지 마십시오. 계약은 언제나 신중하게 해야 하지만, 특히 대리인과의 계약에는 몇 배의 신중함이 요구됩니다.

분명히 위임장이 있는 걸 확인했는데, 대체 이게 무슨 일?!

지방의 모 도시에서 직장생활을 시작하게 된 A씨, 마침 비교적 저렴하게 나온 다가구 주택의 원룸을 보았는데 집 상태도 좋고 건물 주변도 깔끔해서 마음에 쏙 들었습니다. 매물을 소개한 공인중개사는 자신이 이 건물 전체 관리를 위임받았고, 임대차 계약도 자신이 대리하고 있다며 자신과 계약하면 된다고 말했습니다. A씨는 인감이 첨부된 위임장을 보고 '문제없겠지' 하는 마음으로 공인중개사와 계약서를 작성했습니다.

그렇게 입주한 지 얼마 후, A씨와 건물 세입자들은 집주인으로부터 나가라는 통보를 받게 됩니다. 집주인은 전세 계약을 한 일이 없다고 주장하며 세입자들에게 명도소송을 걸었는데, 이게 대체 어떻게 된 일일까요?

알고 보니 공인중개사는 월세 계약만을 위임받았고 그마저도 대리권에 대한 권리를 2년 전에 이미 회수당한 상황이었습니다. 실제 사건을 재구성한 내용입니다. A씨는 난데 없이 보증금을 잃고 거리로 내몰릴 위기에 처했습니다.

대리 계약을 할 때, 위임장을 쓱 한 번 훑어보고 만족해서는 안 됩니다. 위임장이 있느냐 없느냐가 아니라 대리 계약에서 위임장의 존재는 당연한 것입니다. 그 내용이 무엇이냐가 중요합니다. 위임장도 계약서처럼 꼼꼼하게 읽고 따져봐야 하는 서류입니다.

위임장을 볼 때는 대리 권한의 범위를 반드시 확인하고, 첨부된 서류도 점검해야 합니다. 주의할 점은 서류상 적혀 있는 것 이상으로 위임 내용을 확대 해석해서는 안 된다는 것입니다. 위임장이란 부동산 소유자의 권한을 수여받은

증서로서, 위임의 범위가 매우 중요합니다. 만약 대리인이 위임장에 기재된 범위를 벗어난 행위를 할 경우 문제가 발생합니다. 위임 범위가 '월세'에 한정된다는 것만 확인했더라도 A씨가 골치 아픈 소송에 휘말리는 일은 없었을 것입니다.

위임장의 내용이 불명확하다면 절대 계약하지 마라

위임장을 볼 때 체크해야 할 사항은 다음과 같습니다.

❶ 계약 대상 부동산의 주소(소재지)

계약하려는 목적 부동산의 소재지와 면적^{해당 호수}이 일치하는지 확인합니다.

예를 들면, 서울특별시 강남구 역삼동 7○○ - ○ 3층 67㎡ 또는 3층 전체.

❷ 위임자 = 소유자

위임자와 소유자가 동일한 사람인지 확인합니다.

❸ 계약 조건

계약 기간, 임대 조건^{전세, 월세} 보증금 및 차임▶, 관리비, 입금 계좌가 소유자의 계좌인지 등을 확인합니다. 특히 임대차 보증금 및 차임은 꼭 소유자 명의의 통장으로 입금해야 한다는

> ▶ **차임이란?** 물건을 빌려 사용한 보상으로 지불하는 사용수익의 대가를 말합니다. 임대차에서는 임차물을 사용하는 대가로서 지급하는 금전과 그 밖의 물건을 가리키는데, 대개 임대료 또는 월세로 부르는 것이 바로 차임입니다.

것을 기억하십시오.

또한 계약 조건은 서류상으로만 보고 말 것이 아니라, 계약 전 반드시 소유자집주인와 전화 통화로 확인해야 합니다. 대리인에게 양해를 구하고 통화를 요청하십시오.

❹ '대리인에게 권한 일체를 수여한다'는 문구

"계약서 작성에 따른 부수 행위 등 모든 권한 일체를 수여한다"라는 등 대리권의 범위를 기재한 문구를 확인합니다.

❺ 인감증명서와 인감도장의 인영

위임장에 날인된 인영印影, 날인된 도장의 흔적과 인감증명서상의 인영이 일치하는지 확인합니다. 만약 인감증명서 대신 본인서명사실확인서를 첨부했다면 자필 서명이 일치하는지 확인합니다.

만약 인감증명서나 본인서명사실확인서가 없거나이것이 없으면 위임장의 진위 여부를 확인할 수 없습니다, 위임장에 기재된 내용이 불명확하다면 절대 계약해서는 안 됩니다. 이것이 원칙입니다. 다시 강조하건대, 계약에 문제가 생기면 양 당사자의 잘못을 따지기에 앞서 먼저 본인에게 그로 인한 부담이 온다는 걸 알아야 합니다.

소유자가 국내에 거주하지 않아 대리인과 계약서를 작성하려는데, 위임 내용이 모호한 경우도 마찬가지입니다. 외국에 장기 체류 중이거나, 외국 국적을 취득했거나, 영주권자 등 여러 가지 이유로 소유자가 국내에 장기간 거주하지 않는 경우가 있습니다. 이런 경우 외국에 있는 공증 사무실변호사 사무실이나 영사관에서 공증된 위임장을 대리인에게 보내게 됩니다. 이 위임장의 위임권한과 서명확인서를 잘 확인해야 합니다.

외국은 공증을 받을 수 있는 곳이 드뭅니다. 대리권 범위를 정확히 알려주지 않으면 대개 위임 내용을 '부동산 계약'이라 기재해 보냅니다. 대리권의 범위가 모호합니다. 집이 마음에 들어서 꼭 계약하고 싶다면, 대리인을 설득해서 다시 위임장을 받아야 합니다.

나의 재산을 지키는 일에 예외는 없습니다. 원칙만이 있을 뿐입니다. 부동산 계약을 많이 해본 사람일수록 이런 원칙을 정확하게 지키는 데는 이유가 있습니다. 더불어 계약은 당사자 간 합의에 의해 진행되는 것이므로, 예의를 지키는 것은 기본입니다.

위험천만,
공인중개업소 '이사'님들의 진짜 정체

4

얼마 전 어느 지인이 커피숍을 열기 위해 상가 매물을 찾는 중이라며, 좋은 자리가 없는지 물어왔습니다. 대화 도중 지인에게 전화가 걸려 왔습니다. 통화하는 것을 들어 보니 지인이 며칠 전 만난 부동산 중개업소 같은데 뭔가 느낌이 쎄합니다. 그 사람 명함이 있으면 한번 보자고 했더니 '창업 상권분석 컨설팅 △△부동산 이사 ○○○'이라고 쓰여 있습니다.

"노파심에 말씀드리는 건데, 계약서 작성은 반드시 공인중개사 자격증을 갖춘 개업공인중개사와 하셔야 합니다."

이렇게 말하니 지인이 영문을 모르겠다는 표정으로 물었습니다.

"상호가 '△△부동산'이면 이분은 당연히 공인중개사 아닌가요?"

공인중개사무소 명함의 비밀

해마다 가짜 공인중개사로 인한 사기가 끊이질 않습니다. 공인중개사 자격을 딴 사람에게는 "자격증을 빌려주면 돈을 주겠다"는 제안이 심심치 않게 온다고 합니다. 엄연히 불법인 자격증 대여까지 판치는 이유는, 부동산 중개업을 하기 위해서는 공인중개사 자격증이 필수이기 때문입니다.

공인중개사 자격증은 부동산 관련 국가 전문 자격증 중 한 가지입니다. 현행법상 공인중개사 사무소는 공인중개사만이 개업할 수 있습니다. 그렇다고 해서 개업이 간편한 것은 아닙니다. 사무실을 확보한 후 일정 시간의 실무교육을 받고, 개설등록에 필요한 서류를 포함하여 등록관청사무소 소재지 시, 군, 구에 신청하면, 결격 사유 등의 요건을 검토합니다.

이렇게 해서 자신의 명의로 사업자를 내고 사무소를 개업하는 공인중개사를 '개업공인중개사'라고 합니다. 개업공인중개사는 쉽게 표현하자면 부동산 중개업소의 대표입니다.

PLUS TIP 개업공인중개사 확인 설명 의무

개업공인중개사는 중개 대상 부동산을 확인 및 설명할 법적 의무가 있습니다. 즉, 중개대상물의 소재지, 종류 등에 관한 기본적인 사항, 권리관계, 거래 금액과 수수료 금액, 토지이용계획, 공법상의 거래 규제 및 이용 제한 관련 사항, 시설물 상태, 환경 및 입지 조건, 취득에 따라 부담해야 할 조세의 종류 및 세율 등에 관하여 성실·정확하게 설명하고, 토지대장 등본 또는 부동산종합증명서, 등기사항전부증명서 등 설명의 근거 자료를 제시해야 합니다.

소속공인중개사와 중개보조원은 중개업체에서 일하는 직원들입니다. 소속공인중개사는 그 역시 자격을 갖춘 공인중개사입니다.

한편 중개보조원은 공인중개사 자격이 없이 사무소에 소속되어 일하는 사람입니다. 고객이 오면 현장을 안내하거나 중개업무와 관련된 일반 사무를 볼 수 있습니다. 통상 4시간의 직무_{사이버 강좌} 교육을 거치면 등록할 수 있는데, 원칙적으로 '단순한 업무'만 하는 것이 맞습니다. 그러나 현장에서 단순 업무·고급 업무를 무 자르듯 나누기란 쉽지 않습니다. 그러다 보니 사실상 공인중개사와 별다르지 않은 업무를 수행하는 중개보조원도 많습니다.

중요한 점은 중개보조원은 계약서 작성 및 서명 날인을 할 수 없다는 것입니다. 또한 계약서 작성 시에는 반드시 개업공인중개사가 작성, 서명 날인을 해야 합니다.

보통 공인중개사 자격증을 가진 사람은 명함에 '공인중개사'라고 기재합니다. 예를 들면 '△△부동산 팀장·공인중개사 ○○○', '△△공인중개사무소 소장·공인중개사 ○○○'이라는 식입니다. 물론 100%는 아닙니다. 이런 명함을 보면 자격을 갖춘 공인중개사임을 바로 알 수 있습니다. 그런데 가끔 명함을 받으면 정체(?)가 헷갈리는 분들이 있습니다. 이를테면 이런 식입니다.

△△ 부동산cafe 이사 ○○○

△△ 공인중개사무소 부동산 전문가 ○○○

상가 전문 △△ 부동산 부장·전문 컨설턴트 ○○○

이사, 부장, 과장, 팀장, 부동산 전문가, 부동산 컨설턴트 등 다양한 직함을 붙였지만 실체는 중개보조원일 가능성이 높습니다.

명함이야 파고 싶은 대로 파는 걸 누가 뭐라 할 수 없습니다. 문제는 이처럼 애매한 상호, 그럴듯한 직함을 이용하여 사기 행각을 벌이는 사람들이 항상 존재한다는 것입니다.

순진한 투자자를 노리는 무자격 중개업자들

원활한 업무 진행을 위해 중개보조원들이 필요한 것도 사실이며, 사실은 성실하게 일하는 분들이 그렇지 않은 사람들보다 훨씬 많습니다. 그러나 부동산은 막대한 재산이 걸린 일이기에, 혹시 모를 위험 요소를 항상 주의해야 합니다.

부산의 모 공인중개사 사무소에서 일하던 중개보조원 D씨는 고객들에게 미분양 오피스텔에 투자하면 고수익을 올리게 해주겠다고 접근했습니다. "보름 후에 살 사람이 나오는데 지금 사서 되팔면 대금 10%를 전매차익으로 남길 수 있다"고 속여 고객들로부터 총 2억 6천만 원의 계약금을 받았습니다. 그런데 해당 오피스텔은 D씨와 아무런 관련도 없는 물건이었고, 계약금은 D씨가 자기 주머니로 챙긴 것이었지요. 피해를 입은 고객들은 D씨가 당연히 공인중개사인 줄 알았다고 합니다. 벽에 자격증이 걸려있는 중개업소에서 일하니까 별 의심 없이 D씨를 믿었던 것입니다.

이외에도 공인중개사 모르게 물건을 중개하고 수수료를 챙기는 경우, 개업공인중개사의 명의를 도용하여 상가나 주택을 매매하는 경우 등 불법 중개행위 적발이 적지 않습니다. 공인중개사 사무소를 통한다고 해서 안심하거나, '중개업무를 하니 당연히 부동산 중개업소겠지'라고 생각하고

NEWS CHECK

친절한 판례氏
무자격공인중개사 조심 또 조심
…"보상받기 힘들어"
— 2016.04.21, 머니투데이

무자격 중개보조원들은 무리한 계약을 진행해 재산상 피해를 입히는 경우가 있으며, 그보다 심각한 이중 계약 사기도 종종 벌어집니다.

무등록 업체 또는 유사 명칭 업체와 계약을 진행하면 피해를 고스란히 떠안을 수 있습니다.

믿을 수 있는
중개 계약을 위한 꿀팁

5

첫째, 공인중개사 자격증, 중개사무소등록증, 부동산 중개수수료 요율표, 보험증서
또는 공제증서를 확인하십시오. 모든 공인중개사 사무소에는 이 4가지가 잘 보이는
곳에 게시되어 있어야 합니다. 그렇지 않으면 과태료가 부과됩니다.

둘째, 계약서 작성은 반드시 사무실의 대표인 개업공인중개사가 해야
합니다. 중개업소에 게시되어 있는 공인중개사 자격증의 주인이 서명 날인해야
하는 것입니다. 소속공인중개사와 이루어진 거래라면, 중개업자란에는
개업공인중개사대표가 날인하고 별도의 작성란에 소속공인중개사가 날인합니다.

셋째, 상가 매물을 소개받았는데, 중개업자가 상가나 창업 컨설팅업체라면 한
번 더 확인하십시오. 창업 컨설팅을 하며 자격 없이 매매와 임대차 계약을 진행하는
경우가 있습니다. 이런 업체들 가운데는 고액의 컨실팅비를 요구하거나 권리금 중

일부를 요구하는 경우도 있으며 심지어 사기 사례도 존재하니 주의를 요합니다.

넷째, 포털사이트에서 검색되는 업체라고 해서 무조건 믿어서는 안 됩니다. 등록된 개업공인중개사와 중개보조원은 아래 사이트에서 조회할 수 있습니다.

● 국가공간정보포털 www.nsdi.go.kr → 열람공간 → 부동산중개업조회
　→ 상세검색에서 '중개사/보조원' 조회　오른쪽 QR코드로 접속해 조회하세요.

● 한국공인중개사협회 www.kar.or.kr → 정보마당
　→ 개업공인중개사 검색　오른쪽 QR코드로 접속해 조회하세요.

중개 플랫폼을 이용할 때도 주의할 것

요즘 20~30대들은 임대 계약 기간이 만료되면 먼저 스마트폰부터 켭니다. 애플리케이션중개 플랫폼에 나와 있는 물건을 보고 연락해서 집을 보는 식입니다. 이같은 중개 플랫폼을 직거래와 헷갈려 하는 분도 많습니다만, 개인과 개인 간 거래인 직거래와 달리 중개 플랫폼은 중개사들이 더 많은 고객을 유치하는 수단 중 하나로 사용하는 경우가 많습니다.

이처럼 중개 플랫폼을 이용한 영업이 대세인 요즘, 많은 물건을 확보해야 더 많은 고객을 끌어모을 수 있는 것은 당연한 이야기입니다. 그렇다 보니 언제부터인가 중개 시장에도 허위 매물이 등장하기 시작했습니다. 플랫폼을 통해 본 물건을 문의하면

계약이 완료되었다며 다른 방을 보여주겠다고 하는 식입니다. 마음에 드는 물건이 있어 그 집을 보기 위해 일부러 멀리 있는 공인중개사 사무실까지 찾아갔는데 허위 매물인 경우도 있습니다. 시간과 체력을 허투루 쓰지 않기 위해, 중개 플랫폼에 뜨는 정보를 볼 때도 분별력이 필요합니다.

그 주변 매물보다 월등히 저렴하고 조건이 좋은 경우는 고객을 유인하기 위한 허위 매물인 경우가 많습니다. 예를 들면, 지상층 매물로 올린 후 시세는 지하층 시세로 등록하거나, 해당 건물의 넓은 평수 호실의 사진을 공개한 후 가장 저렴한 방좋은방 시세로 등록하는 식입니다. 또 광각렌즈 등의 특수렌즈로 촬영하여 실제보다 훨씬 넓고 깨끗한 사진을 등록하거나, 아예 해당 매물과 상관없는 이미지 컷을 사용하여 등록하기도 합니다. 마음에 드는 매물이 있다면 무조건 방문하지 말고 해당 중개업소 담당자와 통화를 시도하여 확실한 매물인지, 가격과 위치, 층수, 평수가 일치하는지, 방문 시에 해당 매물을 볼 수 있는지 꼼꼼히 따져 물은 후 방문하는 것이 최선의 방법이라 하겠습니다. 허위 매물을 완전히 가려낼 수는 없을지 모르나, 적어도 이렇게 꼼꼼히 체크하는 손님을 허위 정보로 유인하는 경우는 드뭅니다.

한편, 중개 플랫폼을 통해 매물을 소개받고 계약할 때도 중개인이 개업공인중개사인지 확인하는 것이 중요합니다. 다시 강조하건대, 계약은 개업공인중개사와 진행하는 것이 안전합니다. 책임 있는 공인중개사를 거쳐야 혹시라도 하자가 발생하거나, 집주인과 분쟁이 생겼을 때 비교적 원만히 처리할 수 있습니다.

'이 금액에 이런 집이?!'
낮은 전월세가에 혹하지 마라

6

시세보다 전월세가가 현저히 낮은 주택은 이유가 있습니다. 건물에 중대한 하자가 있거나, 권리관계가 복잡한 경우가 가장 흔합니다. 또한 낮은 전세금으로 세입자들을 유인하여 이중 계약을 한 뒤 보증금을 가로채는 전세 사기도 적지 않게 일어납니다. 시세에 비하여 전월세금이 이상하다 싶을 정도로 저렴하다면, 우선은 반드시 등기사항전부증명서상의 소유주와 임대인이 일치하는지 확인해야 합니다. 만약 집에 하자가 있는 경우라면, 계약서에 시설 보수의 책임이 임대인에게 있음을 명확하게 해야 합니다. 이런 것은 개업공인중개사에게 요구하여 계약서상에 기재하면 됩니다.

권리분석을 제대로 하고 계약해야 소중한 내 재산을 지킬 수 있습니다. 이 사실을 명심하고 또 명심하십시오! 지금부터 필자가 부동산 업계에서 일하며 실제 겪어보고 들어본 전세 사기의 유형들과 그에 대한 예방법을 소개하겠습니다.

사례 1. 월세 임차인이 집주인으로 둔갑하다

원룸 주택을 월세로 여러 채 임차한 후, 집주인인 척하며 시세보다 저렴한
전셋값으로 임차인들을 현혹하여 이중, 삼중 전세 계약 후 보증금을 가로채는 유형.

어떻게 예방할 수 있을까?

시세보다 전세금이 너무 낮다면, 가장 먼저 해야 할 일은 임대인의 신분부터
확인하는 것입니다. 등기상 소유주와 계약하러 나온 임대주가 동일한지를
체크해야 합니다. 소유주는 인터넷 등기소에서 등기사항전부증명서를 열람하면,
공인중개사를 통하지 않아도 확인할 수 있습니다. 일치하지 않는다면 이유를 묻고,
앞서도 말했듯, 위임장을 확인하고 실제 소유주와 최소한 전화 통화라도 해야 합니다.

또한 보증금은 등기부상 기재된 소유주 계좌로 입금해야 합니다. 만약 다른
명의의 계좌를 알려준다면 이유를 물어보고, 개업공인중개사와 상황을 파악한 뒤
등기상 소유주 계좌로 입금해야 차후 일어날지 모르는 불미스러운 일들을 사전
예방할 수 있습니다.

사례 2. 권리에 하자가 있는 집을 계약하다

C씨는 직거래 카페를 통해 전세 계약을 했습니다. 그런데 몇 개월 후 경매 개시 결정
통보를 받았습니다. 나중에 알게 된 사정은 이랬습니다.

전 임차인은 살던 중 해당 집의 권리에 하자가 있다는 걸 알게 되었습니다. 부동산에 내놓았지만 집이 나가지 않자 직거래 카페에 매물을 올려 신규 임차인을 구한 뒤 본인은 보증금을 돌려받고 이사를 나간 것이었습니다.

어떻게 예방할 수 있을까?

계약 전에 등기사항전부증명서 및 임대인을 통한 건물의 총 보증금 합계 등 선순위 권리 등을 제대로 체크해야 위험 요소를 발견할 수 있습니다. 요즘은

중개 보수는 아까운 돈?

● 어떤 이들에게는 조금 불편할 수도 있는 이야기

부동산에서도 직거래를 이용하는 사람들이 점점 많아지고 있습니다. 가장 큰 이유는 역시 중개 보수입니다. 이는 우리나라 개업공인중개사들이 참고하고, 변화해야 할 부분입니다. 필자 또한 느끼는 것이지만 대한민국 부동산 중개의 서비스질은 아직 낮은 편입니다. 물론 모든 공인중개사가 그렇다는 것은 아닙니다. 그러나 일부 개업공인중개사들은 돈을 날로 번다 해도 할 말이 없을 정도입니다. 권리분석, 하자 체크 등 당연히 해야 할 책임을 다하지 않으면서 달랑 계약서 한 장으로 중개 보수를 받으려 하니 고객 입장에서는 직거래를 선호할 수밖에 없습니다. 하루빨리 개업공인중개사들이 서비스의 질을 높임으로써, 서로 불만 없는 서비스와 보수를 주고받는 날이 오길 기대합니다.

직거래를 통한 계약도 활발한데, 권리분석을 잘할 수 있다면 중개보수를 줄일 수 있다는 점에서 유리합니다. 그러나 부동산 계약이나 권리관계에 대해 잘 이해하지 못하는 상황에서 중개보수를 조금이나마 줄이려다 소중한 재산_{보증금}을 날릴 수도 있다는 점을 명심해야겠습니다.

사례 3. 어쩐지 너무 싸더라니, 깡통 전세에 발이 묶이다

주변 아파트보다 저렴한 전세가에 입주했는데, 그 집은 임대인이 전세를 끼고 집을 사는 소위 '갭투자'로 구매한 물건이었습니다. 소개하는 내용은 갭투자와 관련된 하나의 사례로, 이 밖에 대출과 전세를 모두 끼고 구매하는 갭투자 등도 있습니다. 더 자세한 내용은 161~162페이지를 참고하세요. 임차인은 계약 기간이 만료되어 이사를 가려 하는데, 부동산 시장이 하락하며 전세가와 집값이 하락했고 그 결과 보증금을 온전히 돌려받기 어렵게 된 상황입니다.

어떻게 예방할 수 있을까?

무분별한 갭투자가 한바탕 부동산 시장을 휩쓴 뒤, 그 여파로 이른바 '역전세난'이란 것이 찾아왔습니다. 한창 갭투자가 흥할 때는 전월세 보증금이 계속 올랐습니다. 간단히 예를 들어봅시다. 현 세입자가 2억에 살고 있는데, 계약 만료 시 전세 시세가 2억 3천으로 오르면 다음 세입자에게 받은 전세금으로 현 세입자의 전세금을 돌려주고도 남은 3천을 계약 기간 동안 융통할 수 있었지요. 그런데 이같은 전월세 상승의 거품이 꺼지면서 2억짜리 전세가 1억 원대로 내려갔습니다.

다음 세입자를 구하더라도 임대료 하락분만큼을 집주인이 따로 마련해 돌려줘야 합니다. 그런데 집주인이 유동성 문제에 부딪힙니다. 한 마디로 융통할 돈이 없습니다. 세입자가 보증금을 온전히 돌려받기 힘든 상황이 생기는 것입니다.

최선의 방법은 전세금반환보증보험에 가입하는 것입니다. 전세금반환보증보험은 집주인이 보증금을 돌려주기 어려운 경우, 주택도시보증공사와 서울보증보험 등이 집주인 대신 보증금을 돌려주는 상품입니다. 주택도시보증공사의 경우 개인보증상품으로 '전세 보증금반환보증'^{아래 이미지 참고}이 있으며 보장 한도액은 수도권 7억 원, 그 외 5억 원 이하 보증금에 대해 세입자가 신청한 금액을 모두 보증해줍니다. 서울보증보험이 운영하는 '전세금보장신용보험'은 주택의 경우 10억, 아파트의 경우 한도가 없어 사실상 액수에 상관없이 가입할 수 있습니다. 두 상품 모두 집주인의 동의 없이도 가입할 수 있으며, 계약한 후 시일이 흘렀더라도 가입이 가능합니다.

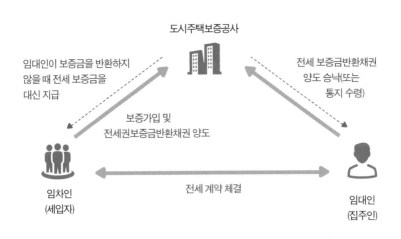

● 주택도시보증공사의 경우 인터넷 보증 사이트에서 보증 가능여부 확인 메뉴를 선택하면 됩니다.

전세금보증금반환보증은 계약 기간이 절반 이상 남았다면 가입할 수 있고, 전세금보장신용보험은 전세 계약으로부터 10개월이 지나지 않았다면 가입할 수 있습니다.

단, 은행에서 전세대출을 받았다면 위 두 가지 상품에 가입할 수 없습니다. 이럴 때는 주택도시보증공사의 '전세금안심대출보증' 상품을 이용할 수 있습니다. 보증금과 대출금을 모두 보호할 수 있는 상품입니다. 이 상품은 잔금지급일 또는 전입신고일 중 빠른 날로부터 3개월 이내에 신청해야 합니다

이같은 전세금보증반환보험들은 물론 보험료가 발생합니다. 보험료율은 연 0.128~0.218% 정도로, 3억 원짜리 아파트 전세를 2년 계약한 경우 약 100만 원 내외의 보험료를 내야 합니다. 하지만 100만 원 정도의 금액으로 소중한 보증금을

지킬 수 있다면 결코 아까운 액수가 아닙니다.

그러나 모두 가입할 수 있는 것은 아닙니다. 집주인의 융자와 보증금의 합계가 기준가의 80%를 넘거나, 주택 종류 등 상황에 따라 보험 가입이 거절될 수 있습니다. 또 보험료율과 가입 가능한 시기도 각기 다릅니다. 전세금반환보증보험 가입을 염두에 두고 있다면 계약 전에 가입 가능 여부를 확인해보는 것이 좋겠습니다.

신탁이
대체 뭐길래?

7

최근에는 등기사항전부증명서상에 '신탁'이라는 낯선 두 글자가 등장하며 부동산 계약에 익숙하지 않은 사람들, 특히 사회초년생이나 신혼부부 등이 피해를 입는 경우가 늘어났습니다.

다음 사례를 보시지요.

NEWS CHECK

[김성준의 시사 전망대] "전세금 100억 사기의 함정 알고 보니…"

— 2018.04.24, SBS뉴스

사회초년생을 대상으로 한 전세 사기로, 입주자들은 신탁회사의 공문을 믿고 계약했다가 피해를 입었습니다. 모든 신탁 관련 거래가 문제가 있는 것은 아니지만 적어도 신탁사, 신탁원부 등에 대한 이해는 필요합니다.

영등포구 R하우스의 실제 소유주인 이모 씨는 50억 원대 대출을 받기 위해 허위 계약 서류를 꾸몄습니다. 세입자들에게 돌려줘야 할 돈이 적은 것처럼 꾸미기 위해 수천만 원대 전세 계약서를 수백만 원짜리로 위변조한 것입니다. 무려 140명에 달하는 피해자들은 전 재산이나 다름없는 전세

보증금을 반환받지 못할 위기에 처했습니다. 이들은 전세 보증금을 근저당보다 먼저 선보장해준다는 신탁사의 공문을 믿었으나, 신탁사는 공문 조항의 효력을 인정하지 않고 있습니다.

부동산 사기전세 사기 등를 보면 대체로 공통점을 발견할 수 있습니다. 물론 모든 사건에 해당되는 것은 아닙니다.

첫째, 임차인은 대개 사회초년생으로, 부동산 계약 경험이 적습니다.

둘째, 전세금액은 대부분 1억 원 미만입니다.

셋째, 피의자가 건물을 관리하는 대리인 또는 임대인입니다.

넷째, 중개업자도 가담했거나, 혹은 중개업자 본인도 사기당한 줄 모릅니다.

다섯째, 소유자는 '수탁자 주식회사○○신탁'입니다.

위 사례의 피해자들 또한 등기사항전부증명서를 확인 후 계약했으나 이 같은 피해를 입었습니다. 이유가 무엇일까요? 이 물건의 등기사항전부증명서2018년 10월 31일 기준를 확인해보면 2015년 6월 2일에 '○○○신탁'이 소유권을 취득한 이후 지금까지 아무런 변동이 없습니다. 소유권 취득일 기준으로 등기사항전부증명서를 확인해봐도 소유권 이외의 권리에 관한 사항은 변동되지 않습니다. 아마도 바로 이런 사항을 보고 '소유권이 신탁사에 이전되어 관리되므로 오히려 재산권을 보장받을 수 있다, 지금껏 수년간 임차하며 아무런 일도 일어나지 않았다'는 중개업자의 말을 믿었던 것이 아닐까 합니다.

그렇다면 과연 이 등기사항전부증명서를 믿고 임대차^{전세} 계약을 해도 될까요?

계약한다면 누구와 해야 하며_{소유권을 취득한 ○○○신탁과 할 것인가, 혹은 스스로 '집주인'을 자처하는 K씨와 계약할 것인가,}

물건을 중개하는 중개업자의 말을 100% 믿어도 될까요? 지금부터 이 질문에 대한

답을 찾아보겠습니다.

부동산 계약 전 반드시 확인할 3가지

전세와 매매를 막론하고, 부동산 계약 전 반드시 확인해야 할 3가지 사항이

있습니다.

❶ 소유자, (소유자가 신탁사일 경우) 신탁원부

우선 소유자를 확인해야 합니다. 만약 소유자가 ○○신탁이라면 반드시

신탁원부를 확인해야 합니다. 신탁원부를 볼 때는 위탁자, 수탁자, 우선수익자가

누구인지 확인하십시오. 대개 신탁등기에 대해 잘 알지 못하지만 권리분석을

위해서는 필수적인 사항입니다. 이때 다음 용어를 기억해두면 이해하는 데 도움이 될

것입니다.

- 위탁자 = 소유자
- 수탁자 = 신탁사
- 우선수익자 = 근저당권자

❷ 공시되지 않은 물건의 권리 사항

앞서 말했듯 등기사항전부증명서는 모든 것을 알려주지 않습니다. 공시되지 않은 권리 사항이 있을 수 있습니다. 부동산 계약 전에는 최소한 현재 임차인들의 보증금 현황과 임대인의 세금 체납 여부를 파악해야 합니다. 세금 체납 여부는 소유자의 동의하에 국세완납증명서와 지방세완납증명서로 확인할 수 있습니다. 신탁사 소유로 되어 있다면 신탁사 문의해서 확인해야 합니다.

❸ 실제권리관계

부동산 계약 중에 '집주인'을 만났는데, 그가 등기사항전부증명서에 나오는 소유주와 이름이 일치하지 않는다면? 절대 그 사람과 계약하거나, 소유주 외의 명의 계좌로 보증금과 임대료 등을 입금해서는 안 됩니다.

특히 신탁사가 소유인 상황이라면 신탁원부의 내용과 위탁자, 수탁자, 우선수익자 등을 확인해야 합니다. 위탁자로부터 위임받아 수탁자로서 부동산을 관리하는 주체가 되었더라도, 실질적인 소유자는 위탁자입니다. 그러므로 신탁원부에 기재된 신탁사의 역할과 위탁자의 역할을 확인해야 합니다. 보증금 계좌 관리, 시설물의 관리 등.

적어도 이 3가지 사항만이라도 확인하는 것이 소중한 재산을 지키는 길입니다.

근저당이 있는 집에 들어갈 때
반드시 확인해야 할 것들

8

현재 R하우스는 공매가 진행되고 있어, 주변 시세 이하 금액으로 낙찰될 확률이 높습니다. 공매 절차가 완료되면 낙찰된 금액을 채권자금융권와 임차인이 순위에 의해서 받아가는데, 이것을 '배당'이라고 합니다.

그렇다면 배당 순위는 누가 정하는 걸까요? 이것은 법적으로 정해져 있습니다. 말소기준권리에 해당하는 등기접수일 그리고 임차인의 대항력 취득일 + 확정일자를 부여받은 순서를 비교하고, 국가 체납 세금이 있다면 체납처분일발생일 등을 고려합니다. 이렇게 배당에 참여한 모든 권리를 관계 법령에 정해진 순서와 방법으로 나누어줍니다.

근저당이 있는 집에 들어갈 때는, 임차인본인으로서 최소한 본인의 배당 순위는 알아야 합니다. 그런데 이것을 아는 사람이 드뭅니다. 그렇다면 나의 순위는 어떻게 파악될 수 있을까요?

첫 번째, 등기사항전부증명서상에 표기된 근저당권 등을 확인합니다.

두 번째, 본인 이외에 임차인들이 있는 경우 보증금 합계를 확인합니다.

세 번째, 임대인의 세금 체납 여부를 확인합니다.

이렇게 확인된 권리의 다음이 본인 순위입니다. 그것도 일정 요건(대항력전입신고 + 점유 + 확정일자)을 갖춰야 되는 것입니다.

임대차 계약, 특히 전세 계약 시에는 계약 부동산의 부채비율을 확인하는 것이 가장 중요합니다. 임차인이 여러 명일 경우 일단 자신이 제일 마지막이라고 생각하십시오. 등기사항전부증명서에 기재되어 있는 근저당권도 나보다 순위가 빠른 것입니다.

전세 보증금을 돌려받을 수 있는 안전한 집을 찾는다면 다음 공식을 기억하십시오.

세입자를 위한 안전 공식

금융권채권최고액 + 가구 수임차 보증금 합계 + 나의 보증금 = 합계

→ 위 합계 ÷ 시세급매 가격 또는 실거래 가격으로 네이버 부동산 또는 국토교통부에서 확인 가능한 실제 거래가격 × 100

위와 같이 계산했을 때 나오는 값이 60% 이하여야 합니다. 아파트 제외, 개인적인 의견임을 참고하세요.

선순위 보장이라는 문구와 하자 신탁

전세 사기를 당하는 피해자 중 많은 수가 사회초년생들입니다. 사례로 든 R하우스의 경우도 마찬가지였는데, 피해자들이 입을 모아 호소한 부분이 있습니다. 신탁사에서 임대인에게 보내준 공문을 봤는데, 여기 '선순위 보장'이라는 문구가 있었고 이를 믿었다는 것입니다.

R하우스를 권리분석한 결과 일부 세입자를 제외한 다수의 세입자가 우선수익자금융기관보다 후순위에 해당했습니다. R하우스의 신탁사 공문 내용, '선순위 보장'이라는 조항을 임차인 입장에서 해석해보면 우선수익자금융기관보다 우선하여 보증금을 돌려받을 수 있다고 오해할 수 있는 조항이라고 생각됩니다. 참고로, 피해자의 대부분은 사회초년생이며, 일부는 독거노인분들입니다.

필자는 피해자들이 '선순위 보장'이란 문구의 의미를 확실히 따지지 않고 믿은 것이 잘못되었다고 생각하지 않습니다. 이를 교묘하게 이용한 가해자임대인 그리고 그와 결탁한 개업공인중개사가 문제이며, 이 물건을 중개한 일부 중개업자들도 도의적인 책임이 있습니다. '만약 개업공인중개사가 물건에 대하여 정확한 권리분석을 했다면 중개할 수 있었을까?'라는 아쉬움이 남습니다.

선순위가 있는 신탁은 흔히 '하자 신탁'이라고 불립니다. 이유는 간단합니다. 신탁사 입장에서는 선순위가 있는 부동산이 부담스럽기 때문입니다. 하자 신탁 시에는신탁사마다 기준이 다릅니다. 보통 신탁 예정 물건의 하자 금액이 감정금액 대비 40% 이하일 것, 선순위

임차 보증금은 신탁계좌로 입금할 것 등의 단서 조항이 붙습니다. 이후 체결되는 임차
보증금을 신탁계좌에서 관리하는 경우도 있습니다.

  그렇다면 신탁사가 관리하는 부동산은 모두 문제가 있는 것일까요? 그건 아닙니다.
신탁사가 관리하는 주택아파트에 주변 시세보다 저렴하게 전세로 입주한 후 매입취득한
사례도 있습니다. 등기사항전부증명서에 '신탁'이 보이면 주의해야 한다는 말의

신탁부동산 임대차 관련 요청 및 확약서

주식회사   귀중

    는 2018년03월 03일자로 위탁자   1순위 우선수익자   수탁자
    간에 체결한 부동산담보신탁계약의 위탁자로서 부동산담보신탁계약 특약사항 제13조에
의거 임대차계약을 체결하고자 하며, 이에 위탁자와 임차인을 귀하의 동의를 요청함에 있어 다음
에 기재된 조건을 준수할 것을 확약합니다.

                          다   음

1. 임대차목적물 :
2. 임대차관계인 : 임대인 [   ] / 임차인 [   ]
3. 임대차기간 :
4. 임대차보증금 :
5. 월임대료 :
6. 임대차보증금 및 월 임대료 수취계좌

구 분	예금주	계좌번호	은행명
임대차보증금			
월 임대료			

7. 기타 확약사항
    - 수탁자는 임대인이 아니므로 임대차보증금 반환의무를 포함한 임대인으로서의 의무를
      부담하지 아니하며, 임차인은 수탁자에게 임대차보증금을 청구하거나 임대인으로서의
      의무이행을 일체 요구할 수 없음.
    - 임대차보증금 반환의무 등을 포함한 임대인으로서의 책임과 의무는 위탁자 및 수익자에게
      있음.
    - 임대차목적물이 임대차보증금의 담보는 아님.
    - 임대차목적물의 처분으로 소유권이 변동되는 경우 소유권 양수인이 임대인 지위를 승계하게
      되며, 임차인은 이에 사전 동의함.

위 탁 자
    주   소 :
    성명 및 상호 :
    법인등록번호 :

임 차 인
    주   소 :
    성명 및 상호 :
    법인등록번호 :

붙임 : 1. 인감증명서   각 1부.
       2. 임대차계약서   1부. 끝.

● 이 같은 확약서는 신탁사마다 다르며,
이해를 돕기 위한 자료입니다. 보증금은
신탁사로, 사용금(월세)는 위탁자로
입금한다는 약정이 없다면, 계약하는 것을
다시 고려해봐야 합니다.

뜻은, 신탁사가 관리한다고 피해야 할 물건이라는 것이 아니라 더욱 꼼꼼히 점검해야 한다는 것입니다.

다시 강조하건대, 신탁사와 위탁자와의 관계, 건물 관리의 주체, 임차 보증금 입금계좌와 위탁자와의 관계, 신탁원부^{계약조항} 등을 확인하십시오.

아무리 신중해도 모자라지 않다

사회초년생들이 부동산 계약시 1순위로 고려해야 할 사항이 있습니다. 계약 이후 보증금을 못 받게 되면, 누구도 도움을 줄 수 없다는 것입니다.

그러므로 이번 장에서 누누이 강조했듯, 계약 전에 최소한 등기사항전부증명서에 나와 있는 사항에 대하여 알아야 합니다. 갑구·을구·표제부가 이야기하는 것, 임대인에 발급을 요구할 국세·지방세완납증명서, 다른 임차인들이 있다면 임차 보증금의 합계, 소유자를 대리하여 계약 시에 위임장에 대한 대리 권한의 범위 등을 꼭 알아가야 할 것입니다.

PLUS TIP **[정리] 부동산 계약 시 꼭 봐야 하는 서류**

등기사항전부증명서, 국세완납증명서, 지방세완납증명서, (소유자가 신탁사일 경우) 신탁원부

PLUS TIP **[정리] 반드시 체크해야 할 사항(특히 신탁사가 개입된 경우)**

신탁사와 위덕자와의 관계, 건물 관리의 주체, 임사 보증금 입금계좌와 위탁자와의 관계, 신탁원부(계약조항)

또한 권리분석을 통하여 임차하고자 하는 주택의 부채비율_{임차대상 주택가격에서 부채금액이} 차지하는 비율을 산정하는 능력을 키워야 합니다. 예를 들어 아파트의 경우 '금융권 부채 + 임차 보증금'이 급매 가격보다는 작아야 합니다. 물건지마다 다르나, 임차 보증금은 대개 급매 가격의 80% 이하 금액이어야 안전합니다. 예를 들어 실거래 가격이 5억 5천만~6억 원이고 급매 가격이 5억 원이라면 급매 가격을 기준으로 적용해야 하며, 적정 임차 보증금은 4억 원 미만으로 판단할 수 있습니다. 임차 보증금 이외에 선순위 권리관계가 없는 경우. 그런데 요즘에는 실거래 가격의 90%에 해당하는 금액이 전세 금액으로 나오기도 합니다. 과연 안전한 물건인지는 스스로 잘 판단해야 할 것입니다. 향후 경제 상황의 변화 등 계량화되지 못한 위험 요인이 존재하므로 의사 결정시 이러한 위험 요인을 고려해야 합니다. 갭투자 대상인 부동산일 수 있습니다.

유명한 법언 중에 '권리 위에 잠자는 자는 보호받지 못한다'는 말이 있습니다. 집을 구할 때마다 마음 졸이며 부동산 중개업자를 의심할 필요는 없을 것입니다. 그러나 내 재산이 걸린 일인만큼 신중을 기하여 서류를 살펴보고, 이상하거나 의심 가는 부분이 있다면 꼼꼼히 확인해봐야겠습니다.

내 돈을 지키는 주택평가 방법

① 국토해양부 실거래가를 확인합니다.

② 부동산 사무실에서 급매 가격을 확인하고, 급매 물건이 없으면 비슷한 규모 물건의 급매가를 확인합니다.

③ 은행대출금액을 확인합니다. 채권최고액÷120~130% 정도가 대출원금입니다.

④ 대출금 + 임차 보증금전세금을 더합니다.

⑤ ④의 합계금액÷급매 가격×100 = 부채비율

이렇게 나온 부채비율이 낮을수록 안전하다고 판단할 수 있습니다. 공기업인 LH, SH, 인천도시공사 등에서는 기존주택 임대사업 권리분석 시 부채비율 최대 85%를 적용하고 있습니다. 그러나 공기업에서는 전세금반환보증보험에 가입하기 때문에 손실이 발생하는 경우가 적습니다. 우리에게는 보다 엄격한 기준이 필요할 것입니다.

부동산 시장 상황 및 기타 여건에 따라 기준이 다르기는 하지만, 필자는 아파트를 기준으로 통상 80% 이하를 권장합니다. 개인적인 의견이며, 경제 상황에 따라 다릅니다.

병아리반을 위한
부동산 공부
리스타트

3교시

삶의 질을 향상시키는 데
반드시 도움이 되는 기본 교양

우리가 믿어야 할 것은

말이 아닌 서류,

설득이 아닌 팩트,

달콤한 유혹이 아닌 담담한 상식.

지금이라도 늦지 않았다,
당장 청약통장을 만들어야 하는 이유

1

한 명 두 명, 결혼을 하고 아이를 낳기 시작하다 보면 자연스럽게 친구들 간 대화 주제가 바뀝니다. 이전에는 이성 문제, 게임, 화장품, 연예인 등에 관한 이야기가 대화의 대부분을 차지했다면 점차 집, 가족, 자녀교육 등에 관한 이야기가 주를 이루게 됩니다. 이런 변화를 가장 먼저 실감하게 되는 것이 바로 '주택청약'이 화두가 될 때일 것입니다.

주택청약저축이란 '국민주택 및 민영주택에 모두 청약할 수 있는 입주자 저축'입니다. 주택청약저축에 일정 기간 이상 불입하면, 국가가 건설하는 공영주택이나 국가지원을 받아 지어지는 민간 건설사의 주택, 그리고 신도시 등의 주택에 입주권을 주는 '주택청약'에 지원할 수 있습니다.

사회초년생 중에는 '아직 집을 살 생각이 없으니 주택청약저축이 필요하지 않다'고 생각하는 분들이 많습니다. 그런가 하면 반대로 '이미 집을 사서 무주택자가 아닌데

청약저축을 굳이 유지할 필요가 있을까'라고 생각하는 분도 종종 봅니다. 그러나 필자는 20~30대라면 무조건 청약저축을 만들고 유지하라고 권유합니다. 지금부터 그 이유를 설명하겠습니다.

아파트 분양받을 생각이 없는데 왜 청약통장을 만들어야 하냐고?

사회초년생이 은행에 가면 가장 많이 권유받는 상품 중 하나가 바로 청약저축입니다. 청약저축은 일반 적금보다 금리가 높습니다만 가입 후 3년 이상 유지 시, 그럼에도 워낙 저금리 시대이다 보니 '청약저축이 대체 무슨 도움이 될까?'라는 의문이 생길 수 있습니다.

실적 문제로 가입을 권유하는 은행원들은 이렇게 설명할 것입니다.

"일정 금액을 저축해서 신규 분양하는 아파트 청약에 당첨되면 분양권 전매를 통해 수익을 올릴 수 있습니다. 분양가가 실거래가보다 훨씬 낮은 거 아시죠? 나중에 시세 차익을 얻으실 수 있고요, 또 연말 정산 소득공제도 가능해요. 월 불입액도 2만 원부터 50만 원까지 자유롭게 설정하실 수 있어요."

PLUS TIP **주택청약저축 통장의 분류**

주택청약저축 통장에는 2015년 9월 이전과 이후로 구분됩니다. 이전에는 청약저축(국민주택형(전용면적 85㎡ 이하)을 공급받기 위한 청약통장), 청약부금(민영주택 전용면적 85㎡의 주택을 공급받기 위한 청약통장), 청약예금(민영주택을 공급받기 위한 청약통장)으로 구분했습니다. 2015년 9월 이후에는 하나의 통장으로 통합되어 모두 '주택청약종합저축'입니다.

당장 분양을 받을 생각이 없는 입장에서는 이런 설명에 그다지 끌리지 않을 것입니다. 그러나 주택청약통장을 무조건 만들어야 하는 다른 이유가 있습니다.

첫째, 무주택 세대주라면 연말정산 시 소득공제를 받을 수 있습니다. 2015년 이후 가입한 경우. 소득공제 대상 금액은 연 240만 원까지이며 공제 금액은 최대 96만 원입니다. 여기서 주의할 점이 있습니다. 청약저축은 월 최대 50만 원까지 불입할 수 있지만 그럼에도 공제 한도는 연 240만 원으로, 월 20만 원 불입하는 경우와 동일하다는 것입니다.

또한 소득공제를 받기 위해서는 2월 말일까지 주민등록등본과 신분증을 지참하여 은행을 방문, '무주택 확인서'를 받아야 합니다. 창구 직원에게 확인서를 신청하면 은행이 이를 국세청에 제출하여 줍니다.

둘째, 각 정권마다 중요하게 생각하는 것이 서민들의 주거 대책입니다. 정권마다 정책 이름은 다르지만 같은 맥락을 유지하고 있습니다. '국민 주거 안정'이 그것입니다. 과거 정권에서는 보금자리주택, 행복주택 등이 대표적이었는데요 이 같은 정부 공급형 주택에 입주하기 위해서는 청약이 필수입니다.

현 정권에서는 20~30대 청년들을 위한 맞춤형 주거 정책을 많이 내놓고 있습니다. 대표적인 것이 청년우대형 청약저축입니다. 이 저축의 특징은 만 19세 이상 29세 이하 청년들을 위한 기존 주택청약종합저축의 청약기능과 소득공제 혜택은 그대로 유지하면서, 10년간 최대 연 3.3% 우대금리와 이자소득 비과세 혜택을 준다는

청년우대형
주택청약종합저축의 가입대상

자세한 내용은 QR코드를 통해 주택도시기금 사이트로 이동하여 확인할 수 있습니다.

구분	가입조건	가입기간
나이	만 19세 이상 ~ 만 34세 이하 ※ 병역증명서에 의한 병역 이행기간이 증명되는 경우 현재 연령에서 병역 기간 제외, 계산한 연령이 만 34세 이하인 사람 포함	
소득	직전년도 신고소득 연 3천만 원 이하	2021년 12월 31일까지
주택여부	① 본인이 무주택인 세대주 ② 본인이 무주택이며 가입 후 3년 내 세대주 예정자 ③ 무주택세대의 세대원 ※ 다만, ①, ②의 세대주는 3개월 이상 유지해야 함	

것입니다. 저소득, 무주택 청년의 주택 구입 및 임차 보증금 마련을 지원하기 위한 상품으로 아직 자신 명의의 집이 없는 사회초년생이라면 필수적으로 만들어두길 권합니다. 청약저축에 가입하여 일정 조건을 유지하면 주택 도시기금 대출 시 금리 우대를 받을 수도 있습니다.

셋째, 주택청약저축은 아파트 디딤돌대출에 연동되어 우대금리를 받을 수 있습니다. 1년 동안 2만 원 이상 납입하면 디딤돌대출 우대금리를 0.1% 받을 수 있고, 3년 동안 2만 원 이상 납입하면 디딤돌대출 우대금리를 0.2% 받을 수 있습니다. 작은 숫자처럼 느껴지지만 2억 원을 10~30년간 상환한다고 가정하면 200만~750만 원 정도를 아낄 수 있습니다. 아직 무주택자이고 이사, 결혼 등으로 앞으로 3년 이후 내 집 마련을 할 마음이 있는 직장인이라면 반드시 청약저축을 들어야 하는 이유입니다.

2034라면 청약저축은 선택이 아니라 필수

가정 경제에서 가장 중요한 것이 거주비입니다. 자가냐 전세냐 월세냐 등 지출된 비용에 따라 가정 경제에 미치는 영향이 큰데, 특히 결혼을 앞둔 예비 부부들로서는 고민되는 부분이 아닐 수 없습니다. 집 문제로 결혼을 포기하는 청년들도 있습니다. 이에 관한 대책으로, 많지는 않지만 신혼부부를 위한 주택 지원 사업들이 있습니다.

예를 들면 신혼부부 매입임대주택이 그것입니다. LH공사 등이 다가구와 다세대 주택을 매입하여 신혼부부에게 저렴한 가격으로 장기 임대하는 신규 사업입니다. 그렇다면 이 같은 임대주택 사업이나 주거복지 사업의 경우 혜택을 받기 위해서는 청약저축이 꼭 필요할까요? 아래 LH공사의 답변을 보시지요.

Q. 청약 시 청약통장은 반드시 있어야 하나요?

A. 청약통장이 반드시 필요한 것은 아니나, 동일 순위 입주자 간 경합이 있는 경우 청약저축 등 납입 횟수에 따라 가점을 부여하고 있어 통장 보유 시 유리할 수 있습니다.

단, 청약통장은 신청자 명의의 통장만 인정합니다.

— 출처 : LH공사 홈페이지

위 답변에서 볼 수 있듯 청약통장이 없어도 청약을 할 수는 있습니다. 그러나 인기 있는 지역의 경우 경쟁이 치열하고, 청약통장을 가진 사람보다 순위에서 밀리기 때문에 사실상 당첨될 확률이 낮다고 보아야 합니다.

얼마를 저축하냐보다 얼마나 오래 저축했느냐가 중요하다

얼마 전 배우 이시언 씨가 〈나 혼자 산다〉에 출연해 상도동 아파트를 분양받았다고 밝혀 화제가 되었습니다. 이시언 씨는 "저는 (청약 신청) 한 번 만에 됐다"라고 했는데, 중요한 점은 몇 번 청약을 했느냐가 아니라 대학을 졸업하자마자 청약저축통장을 만들어 7~8년간 매월 3만 원씩 납입했다는 말이었습니다.

참고로 이시언 씨가 분양받은 가격은 평당 2,240만 원이었으며 현재 거래가격은 4,200만 원선 전후입니다.

연말 입주 새 아파트, 웃돈만 평균 4억 6,000만 원이 붙었다

내달 입주가 진행되는 시내 7개 단지를 대상으로 입주자 모집공고 당시 분양가와 입주권 거래가격(국토교통부 실거래가 통계 기준)을 비교한 결과 이들 단지 내 전용면적 84㎡ 가구의 평균 분양가는 7억 3,450만 원, 실거래가는 12억 3,430만 원으로 그 차액인 웃돈은 4억 9,980만 원이었다. (중략) 서울 새 아파트에 수억 원의 웃돈이 붙은 이유는 아파트 준공 물량 감소 등에 따라 희소성이 높아졌기 때문이라는 분석이다.

— 2018. 11 .28, 한국일보

누구나 청약을 신청한다고 해서 당첨되는 것은 아닙니다. 그러나 청약저축이 있어야 기회를 잡을 수 있습니다. 청약이 없으면 기회조차 없는 것입니다. '난 어차피 안 될 거야'라고 생각할 것이 아니라 언젠가는 될지도 모른다는 생각으로 꾸준히 준비하고 대비하는 것이 투자의 첫걸음이자 내 집 마련의 시작입니다.

정리하자면, 청약저축은 가능한 어려서부터 가입하고, 연체 없이 쭉 납입해야 합니다.

NEWS CHECK

"믿을 건 청약통장"...
증가세 가팔라졌다
— 2018.04.24, 서울경제

정부의 고분양가 규제 정책으로 인하여 새 아파트를 주변 시세보다 저렴하게 분양받는 사례가 늘어났습니다. 이에 따라 주택청약저축 가입자가 빠른 속도로 늘어나고 있다는 기사입니다.

PLUS TIP 내 집 마련을 위한 전략

내 집 마련을 꿈꾼다면 아래 3가지 방안을 염두에 두고 항상 관심을 가져야 합니다.
① 청약저축통장
② 노후된 주택(재건축, 재개발 등)을 매입
③ 분양권

생애 첫 내 집 마련,
집값이 떨어진다는데 집 사도 될까?

2

얼마 전 출산을 앞둔 신혼부부가 내 집 마련 문제로 다퉜다는 이야기를 들었습니다. 곧 태어날 아이를 생각해 지금이라도 아파트를 사야 한다는 아내와, 집값이 더 떨어질 테니 기다려야 한다는 남편의 의견이 팽팽히 대치 중이라는 것입니다.

주위의 젊은 부부를 만나면 실제로 이런 질문을 많이 받습니다.

"집값이 곧 떨어질 것 같은데 지금 빚내서 사도 괜찮을까요?"

"아파트를 사기에는 무리인데 서울 안에 빌라를 사도 괜찮을까요?"

"투자하기 좋은 곳과 살기 좋은 곳은 다른가요? 집 한 채를 산다면, 어떤 곳을 골라야 할까요?"

이번 장에서는 이런 흔한 질문, 하지만 판단하기가 정말 어려운 질문들에 관한 나름의 생각을 밝혀보고자 합니다. 시장이 하락세로 돌아서며 실거주를 목적으로 집을 매입하려던 분들까지 많은 고민에 빠진 것으로 압니다. 판단에 조금이라도 참고가 되기를 바랍니다.

  한 가지 꼭 당부하고 싶은 것은 부동산은 절대 충동적으로 구매 결정, 즉 계약을 해서는 안 된다는 것입니다. 충동적 구매에 따른 후폭풍을 감당 못하는 경우가 많습니다.

집값이 떨어질 것 같은데, 지금 사도 괜찮을까요?

✉ 결혼 5년 차, 전세로만 살았는데 매매가가 치솟는 것을 보며
평수를 많이 줄이더라도 지금이라도 사야 하지 않을까라는 데 부부가 합의했습니다.
그런데 최근 아파트값이 하락한다는 기사가 연일 보도되면서 의견에 균열이 생겼어요.
남편은 더 떨어질 것이니 두고 봐야 한다는 입장이고 저(아내)는 지금 사지 않으면
영원히 내 집 마련은 어려울 거란 생각에 마음이 조급합니다.

최근 10년간 집값의 흐름을 보면 10년 전에 비해 현재의 가격이 꾸준하게
올랐습니다. 아파트 가격만 오른 것이 아니고 전체적으로 주거 비용이 다 올랐습니다.
아파트를 건축하려면 토지가 필요하고, 건축하는 데 필요한 재료비, 노무비, 경비
등이 들어갑니다. 현시점보다 원가가 상승할 것이므로 그 가격이 현재에 반영된
것입니다.

이런 논리로 단순하게 생각해보면, 아파트 등은 지금 시점에 매수해야 합니다.
시간이 흐르면 원재료비가 올라가기 때문에, 주택 가격이 더 오를 것으로 예상할 수
있기 때문입니다.

하지만 고민하게 됩니다. 왜일까요?

매수하려고 하는 시점의 아파트 가격이 싼지 비싼지를 모르기 때문입니다. 즉, 아파트의 가치를 평가할 수 없기 때문입니다. 현시점의 가격에 '거품'이 잔뜩 있어서 언제 가격이 하락할지 모른다는 불안감이 있는 것입니다. 실제로 서울 시내 주요 지역의 아파트 가격이 비정상적으로 폭등했고, 정부의 규제로 조금씩 하락하고 있습니다. 지역마다 차이는 있지만 지방 부동산 시장은 가격 불안정은 더욱 심각합니다.

가격 하락에 대한 불안감은 누구나 가지고 있으며, 설사 부동산 전문가라 해도 가격에 관한 것은 장담할 수 없습니다. 다시 말하면 손익분기점을 예단할 수 없다는 뜻입니다.

주위 조언, 정보 등을 수집하여 판단 등을 참고하여, 당사자들이 매수 시점을 찾아야 합니다. 실거주 목적이라면, 아파트만을 고려할 것이 아니라 단독주택을 같이 고려하라고 조언합니다. 언론에서는 아파트 가격만을 가지고 기사화하고 있지만, 단독주택의 가격도 꾸준하게 올랐습니다. 분명 차이는 있지만, 향후에는 단독주택 또한 아파트처럼 거주 목적을 충족하는 동시에 미래 자산 가치 형성에 기여할 것입니다. 단독주택을 살 때는 고려해야 할 중요한 사항이 많습니다. 입지조건, 신축을 고려한 설계이 부분이 가장 중요합니다. 등을 확인해야 합니다.

여기에 더해 본인의 현금 유동성cash flow을 확인하고, 미래의 부동산 활용 계획을 수립 후 매수 결정을 해야 할 것입니다. 혼자 혹은 부부끼리만 계획을 수립하기가 어렵다면, 전문가를 찾아가 조언을 듣고 실행하는 것이 좋겠습니다.

아파트는 무리인데, 빌라를 사도 괜찮을까요?

⊙

✉ 결혼을 앞둔 부부입니다. 둘 다 아파트 생활에 대한 선호가 낮아서, 직장 근처의 빌라 매매를 염두에 두고 있습니다. 그런데 양가 부모님은 빌라 구입을 반대하십니다. 저희는 빌라라도 서울 시내 도심지에 있는 빌라는 차후 가격이 떨어지지 않을 것이라 생각해서 내 집 마련 후 맘 편히 살고 싶은데, 살아보니 그게 아니라는 부모님 의견을 마냥 무시하기도 어렵습니다. 저희가 잘못 생각하고 있는 것일까요?

부동산에 관심을 가지고 계신 분 중에는 '빌라는 사는 게 아니다'라는 인식을 가진 경우가 대다수입니다. 이 말을 쉽게 풀면 '재산적 가치가 없다', 즉 '가격이 떨어진다'로 바꾸어 말할 수 있습니다. 왜일까요? 빌라는 규모, 브랜드, 주변 입지교통 환경, 환금성 등이 아파트에 비해 현저하게 낮습니다. 이러한 것들은 부동산의 가치를 만들고 가격을 형성하는 중요한 요소입니다.

빌라가 가장 많이 위치하는 곳은 구도심 지역입니다. 주로 이면도로 골목 안이지요. 영세한 건축업자들이 단독주택을 매입하여 그 대지에 건축하기 때문입니다. 따라서 아파트와 달리 분양면적의 규격화가 되어 있지 않습니다.

그 결과 주차시설, 편의시설커뮤니티 시설, 건물 관리 등이 취약하기 때문에 선호도가 떨어지는 것이 사실입니다.

수요가 낮으므로 아파트와 같이 시세가
형성되지 않아 거래 시 가격 편차가 크게
발생됩니다. 최근 5년간 아파트와 빌라▶
가격의 상승률을 확인해보면 아파트의

▶ 빌라는 사실 주택의 종류를 가리키는 정확한 용어가 아닙니다. 공동주택 중 아파트와 같이 독립된 세대로 개별 등기가 가능한 다세대 주택과 연립주택을 아울러 부르는 것일 뿐, 법적으로 빌라라는 주택 종류는 없습니다.

가격이 빌라보다 3배 이상 상승했습니다. 단순히 가격이 아파트와 비교하여
저렴하다고 빌라를 매입하면 아파트와 격차가 더 벌어지면서 부동산 자산 가치에
손해를 볼 수 있습니다.

현재 빌라의 가치에는 사람들의 일반적인 인식이 반영되어 있습니다. 위 사례자의
양가 부모님들처럼 '재산 가치가 없다'는 인식이 그것입니다. 자취나 신혼 초반에는
빌라에 세들어 살다가, 돈을 모아서 아파트로 이사하겠다는 계획을 가진 경우가
흔합니다. 이런 인식은 하루아침에 바뀌지 않는다는 점, 이것이 일반적인 생각이라는
점 그리고 실제 삶의 질 차이 등을 고려할 때 오히려 아파트와의 격차가 더 벌어질
가능성이 높습니다.

그러면 빌라는 사면 안 되는 것일까요? 그렇지는 않습니다. 다만 여러 조건을
고려하여 신중하게 매수 결정을 해야 합니다.

첫째, 최적의 위치에 있으며, 주거 환경이 좋은 곳을 선택해야 합니다. 최대한
광역교통망^{역, 버스 등}과 근거리에 위치한 곳이 좋습니다. 주위 학군을 파악하는 것도

중요합니다. 각 지역 유명 학군에 배정되는 빌라는 수요가 꾸준하게 있어 다른 곳에 비해 안정적입니다.

둘째, 주차공간이 충분해야 하며, 차량 통행에 문제가 없어야 합니다. 요즘은 차량을 보유하고 있지 않은 세대가 없습니다. 주거에서 주차공간 또한 중요한 요소의 하나입니다. 1가구 1주차가 가능한 곳으로 해야 하며, 골목 안에 있는 곳은 피해야 합니다.

셋째, 건물에 대한 하자 부분을 잘 파악해야 합니다. 건물이 노후되어 있다면 꼭대기 층은 피해야 합니다. 누수 위험이 있기 때문입니다.

내 집 마련 궁금증 해결

투자하기 좋은 곳과 살기 좋은 곳은 다른가요?

·
·

✉ 유치원생 두 아이를 둔 외벌이 부부입니다. 아이가 클수록 아파트 생활에 고충을 느끼던 중, 서울 시내로부터 한 시간가량 떨어진 전원주택 단지 모델하우스를 보고 마음이 동해 매매를 고민 중입니다. 현재 아파트 전세로 살고 있는데 빚을 많이 지지 않고 집을 살 수 있다는 것도 마음에 들었고요. 그런데 주변에서는 '살기에는 좋아도 투자하기엔 나쁘다'며 만류하는 분위기입니다.

종종 미디어를 통해 '살기 좋은 곳'으로 소개되는 곳을 보면 대체로 전원주택이나 타운하우스들이 위치한 외곽입니다. 그렇다면 서울 시내나 수도권은 살기에 좋지 않은 곳일까요? 살기 좋은 곳의 기준은 과연 무엇일까요?

각자 자신의 가치관과 라이프 스타일에 따라 '살기 좋은 곳'의 기준을 확립할 필요가 있습니다. 이것이 우선입니다. 자녀가 없는 맞벌이 부부들은 직장과의 이동 편의성 혹은 취미생활을 위주로 거주지를 정하는 경우가 많습니다. 이에 비해 자녀가 어린 맞벌이 부부들은 양가 중 아이 돌봄에 도움을 주시는 부모님 댁이나 교육 시설 근처를 선호하는 듯합니다. 외벌이 부부 중에는 외곽의 아파트 생활을 하며 서울 시내로 먼 출퇴근을 하는 경우도 있습니다. 다시 말해 가속 형태, 생활 여건, 소득

수준 등에 따라 가성비가 가장 좋은 곳에 터전을 잡으면 되는 것입니다.

그러나 주의할 점이 있습니다. 상황에 맞춰 선택하되, 부동산을 쇼핑하듯
계약해서는 안 된다는 것입니다.

서울에서 이동 거리 1시간 전후인 양평에 가다 보면 주택 단지들을 많이 볼 수
있습니다. 이색적으로 지은 곳도 있고, 평범한 모양인 곳도 있지만 어쨌거나 공기
좋고 경치 좋은 곳에 자리 잡은 집을 보면 전원생활을 꿈꾸게 되지요. 이런 욕구가
들더라도 여러 가지를 고려해야 합니다. 가장 중요한 것은 지역의 편의시설이며,
이런 경우 시세 차익을 염두에 둬서는 안 됩니다. 주택의 가치는 접근성과 편의성에
있다는 것을 반드시 기억해야 합니다.

실제로 몇 해 전 분양되었던 대규모 단독주택_{타운하우스}의 사례를 봅시다.

도심 생활에 지치고 높은 주거 비용과 자녀교육 문제로 고민하던 많은 분이 3억 원
초반이라는 (서울과 비교했을 때) 비교적 저렴한 가격에 타운하우스를 분양받았습니다.
그런데 정작 거주하다 보니 문제가 있었습니다. 서울보다 주거 비용은 적게
들어가지만 냉난방비와 교통비 등 그 외 비용이 증가했고 전원생활이 몸에 익지
않았던 것입니다. 결국 서울로 돌아가기로 결정했는데, 거주 중인 주택이 매각되지
않아 곤란한 상황에 처하게 되었습니다. 서울이나 수도권 지역에 비해 수요가
부족했던 것이지요.

소득수준이 높고, 전원주택을 세컨하우스로 이용할 수 있는 사람이라면 몰라도 내

집 한 채를 전원주택으로 선택하자면 라이프스타일과 각종 비용, 직장이나 자녀교육 등과 관련해 생길 수 있는 각종 삶의 변수에 관한 고민이 필요합니다.

그렇다면 살기 좋은 곳과 투자하기 좋은 곳의 조건을 동시에 만족시킬 방법은 없을까요? 도심지에 있는 저평가된 단독주택에 주목하기를 권합니다. 단독주택은 아파트와 달리 정확한 가격이 책정되어 있지 않습니다. 주변 평균 가격에다 소유주의 개인 사정에 따라 시장에 나오는 값이 다릅니다. 소유주는 최대가격을 받고 싶어 할 것이고, 매수인은 조금이라도 싸게 사기 위해 노력할 것입니다. 적정선을 찾아내어 협의하면 됩니다.

아파트와 달리 단독주택을 매입할 때는 고려해야 할 사항이 많으니 이런 부분을 미리 체크해두는 것이 좋겠습니다. 노후도 문제 등. 그중 가장 선행해야 할 부분은 미래에 대한 계획입니다. 당장의 거주 목적으로 무조건 가격이 싼 것을 고를 것이 아니라, 가치가 있는 단독주택을 찾아내야 합니다.

부동산에서 '가치'는 매우 중요한 문제입니다. 집 한 채가 전 재산이 상황이라면 특히 투자를 위해 가치평가를 하는 방법을 알아야 합니다. 가치평가는 각각의 기준이 모두 다르므로, 별도로 공부할 필요가 있습니다. 이 책을 통해 "가치가 곧 가격"이라는 사실만 알더라도 큰 수확일 것입니다.

실거주 목적의 내 집 한 채가 아닌, 약간 다른 이야기를 해보겠습니다. 서울과의 접근성 그리고 상대적으로 저렴한 가격에 이끌려 외곽 지역의 투자를 고민하는 경우가 있습니다. 참고할 만한 하나의 사례로 서울과 접근성이 좋은 KTX 광명역세권 택지개발지구를 들어보겠습니다.

이곳은 강남순환고속도로 개통으로 사당을 통해 강남으로 접근하는 시간이 50분 대입니다 출퇴근 시간대에는 약 1시간 30분 소요. 2004년 11월 26일~2008년 2월에 택지 준공 이후 현재까지 진행 중입니다.

광명 KTX역을 기준으로 대단지 아파트와 상업시설 지역으로 나누어지는데, 아파트 가격은 많이 올랐습니다. 문제는 오피스텔 분양자들입니다.

현재는 주변에 아파트, 상가, 병원 등 대규모 공사 현장 근무자들이 임대하여 오피스텔에 거주하고 있습니다. 그러나 공사 완료 이후에는 어떻게 될까요?

오피스텔의 단점은 관리비용이 일반 아파트에 비해 높다는 것입니다. 평균 임대료가 60만 원에 평균 관리비용이 25만 원, 자가용 이용 시 출퇴근 비용(유류비) 60만 원, 고속도로 통행료 8만 원 등을 합치면 서울 시내 주거 비용과 비슷합니다. 이런 비용을 다 감안하고 들어올 임차인이 과연 있을까요? 결국, 임대료를 낮추는 수밖에 없습니다. 아파트를 분양받은 사람들은 분양가 대비 매매 가격이 상승했지만, 오피스텔은 변동이 없으며 임대수익률이 떨어지면 오히려 하락할 수 있습니다.

신도시나 대단지 아파트는
무조건 오른다는 말이 사실일까?

3

2018년 말, '3기 신도시' 조성 계획이 발표되었습니다. 경기도 남양주와 하남, 과천, 인천 계양 지구에 최대 주택 6만 호가 들어선다는 소식에 미디어는 온통 관련 뉴스로 들썩였습니다. 사람들이 이처럼 신도시에 주목하는 이유는 무엇일까요? 대한민국에서 '신도시'라고 하면 집값 상승의 보증수표처럼 여겨지기 때문입니다. 정부의 신도시 발표에 투기 조장에 대한 우려의 목소리가 빠지지 않는 것은 바로 이런 이유에서지요.

그렇다면 신도시는 정말 무조건 오르는 것일까요?

일단 신도시의 정의부터 살펴보겠습니다.

신도시new town는 넓은 의미로 '계획적으로 개발된 주거지'를 뜻합니다. 실제로는 '세로이 개발된 독립된 도시'란 의미로 쓰이고 있습니다. 1기 신도시는 노태우 정부 시절 조성된 분당, 일산, 산본, 중동, 평촌 신도시 등 5곳으로 서울 지역의 주택 공급 부족 현상을 극복하기 위해 수립되었고, 1992년 말 입주가 완료되었습니다.

2기 신도시는 서울의 부동산 가격 폭등을 억제하고 수도권에 주택 공급을 확대하기 위해 노무현 정부 시절 발표되었습니다.

- **1기 신도시**　　분당, 일산, 평촌, 산본, 중동신도시
- **2기 신도시**　　수도권 : 판교, 동탄, 한강, 운정, 광교, 양주, 위례

　　　　　　　　지방권 : 아산, 대전 도안, 안산 신도시 등

　　　　　　　　새로운 주거 단지로 개발되는 계획도시와 택지지구 : 고잔, 고덕국제, 검단,
　　　　　　　　　경상북도청, 군자, 남악, 내포, 둔산, 미사강변, 양산, 송도국제도시, 송산그린시티,
　　　　　　　　　정관, 청라국제도시, 영종, 해운대, 별내

신도시가 발표되면 지가가 상승하는 이유

새로운 대규모 주택 단지를 만들기 위해서는 일단 LH공사와 지방자치단체, 주택공사, 수자원공사 등 공공기관이 택지를 개발합니다. 그 후 민간 건설업체가 그 택지를 매입해 아파트를 짓고 분양하는 과정을 거칩니다. 이때 공공택지개발을 위해서 필요한 절차가 있으니 바로 '공공용지 협의 취득'이라는 것입니다.

부동산에 대해 잘 모르는 분이라도 '토지 수용'이라는 말을 들어봤을 것입니다. 토지 수용이란 공익사업에 필요한 토지의 소유권을 국가나 지방자치단체가

강제적으로 취득하는 것입니다. 물론 법적 절차에 따라 원소유자에게 보상비를 주고 소유권을 가져오게 됩니다.

정부가 공익목적으로 택지를 개발하는 절차를 보면 토지가격이 상승할 수밖에 없다는 걸 알 수 있습니다. 먼저 지역을 선정하는데, 이때 지역은 개발제한구역 중 서울과 접근성이 좋은 지역에 지장물支障物, 공공사업시행지구 안의 토지에 있는 건축물, 공작물, 수목 등 사업수행에 필요 없는 물건이 적은 곳으로 선택합니다. 이 말을 쉽게 풀어보면 다음과 같습니다.

- **지역적으로 위치가 좋은 곳** : 서울과 근접한 곳

- **개발이 제한되어 있는 곳** : 공시지가가 낮은 곳

- **주로 전답(논밭)이 있는 곳** : 지장물이 적어서 이전비 취득이나 취득비 보상이 적은 곳

한마디로 토지 보상비가 적은 지역을 선택하는 것인데, 그래야 차후 주택을 공급할 때 낮은 가격으로 공급할 수 있기 때문입니다. 사업 대상 지역으로 지정되면 일단 토지거래허가구역으로 지정되기 때문에 이 지역보다는 인근 지역의 부동산 가격이 올라갑니다.

실제로 3기 신도시가 발표된 이후 그린벨트 내 땅을 가진 토지주들은 보상을 제대로 받지 못할까 걱정하는 한편, 신도시 인근 지역은 토지 지가가 몇 배로 상승했다고 합니다.

이처럼 토지의 투기적인 거래가 성행하거나

NEWS CHECK

"지금은 안 판다"…'SK 예정지'
용인 원삼 '거래 제로' 왜?
— 2019.03.18., 노컷뉴스

SK 반도체 클러스터 예정지로 용인시 원삼면에 땅 투기 열풍이 불었습니다. 이에 경기도와 용인시가 일대 지역을 토지거래허가구역으로 지정함에 따라 부동산 시장이 빠르게 냉각되었다는 기사입니다.

성행할 우려가 있는 지역 및 지가가 급격히 상승하거나 상승할 우려가 있는 지역에 땅 투기를 방지하기 위해 설정하는 것이 '토지거래허가구역'입니다. 토지거래허가구역 내의 토지를 계약하려면 시장·군수 또는 구청장의 허가를 받아야 합니다.

신도시의 성패를 결정짓는 것은 교통과 인구

신도시를 지정할 때 가장 고려하는 사항은 수도권 지역, 그중에서도 서울로의 접근성입니다. 당초 목적 자체가 '서울에 집중된 인구를 분산하는 것'이기 때문입니다. 신도시의 성패는 서울을 오가는 광역교통 시설의 편의성에 달려 있습니다. 서울로의 통근이 편해야 신도시로 인구가 유입될 것이고, 사는 사람이 많아져야 주택 시장이 안정되며, 상권^{주변 편의시설}도 활성화될 것입니다. 주택 시장이 안정되었다는

PLUS TIP **주간 활동 인구란?**

이 용어는 처음 접하는 분이 대부분일 것입니다. 쉽게 풀이하자면, 낮에 활동하는 유동인구의 규모를 말합니다. 주간에 활동하는 유동인구가 많은 곳은 상권이 활성화되어 있습니다. 반대로 주간 활동 인구 적은 곳은 상권이 붕괴되었습니다. 이러한 공식을 알면 지역 분석에 도움이 됩니다.

예를 들어, 명동 거리는 주간 활동 인구가 많습니다. 그로 인해 그곳 상권이 유지되고 있는 것입니다. 반면 길 하나 사이를 두고 충무로는 명암이 갈립니다. 충무로는 상권 붕괴로 게스트하우스와 고시원, 편의점이 늘어났습니다. 즉 주간 활동 인구가 매우 적습니다. 현재도 폐업하는 상가가 늘어나는 상황입니다.

조금 다른 이야기를 해보겠습니다. 과거 경리단길, 가로수길, 북촌, 서촌 등 낮에 사람이 몰리는 곳, 즉 주간 활동 인구가 많은 곳의 상권은 발전했습니다. 그러나 현재 경리단길이나 가로수길을 찾는 인구는 확 줄어들었습니다. 과거 사람들을 끌어들였던 거리 특유의 특색이 사라졌기 때문입니다.

이야기는 일정 규모의 유동 인구가 활동하고 있다는 것입니다. 상권은 일정 규모 이상의 인구가 적정 수준으로 소비를 해줘야 안정됩니다.

이같은 일련의 과정을 거쳐야 하므로, 신도시에 있는 상권이 자리 잡기까지는 짧지 않은 기간이 소요됩니다.

신도시에 처음 입주하면 주위에 아파트밖에 없습니다. 주변 상가는 임대가 안 되어 텅텅 비어있습니다. 첫 입주 후 일정 기간 동안은 주간 활동 인구가 없는데, 이는 신도시의 기능을 못 하고 있다는 뜻입니다.

2기 신도시 중에서도 성공한 신도시라고 하면 판교 신도시와 광교 신도시를 꼽을 수 있습니다. 판교는 2기 신도시 가운데 최초로 집값이 3.3㎡당 3,000만 원을 돌파했고, 광교 신도시의 집값도 판교의 집값에 근접하거나 돌파했습니다.

반면 동탄 2 신도시는 분양가보다 낮은 가격인 '마이너스 피' 매물이 속출하며 '입주 무덤', '미분양 폭탄' 등의 오명을 썼습니다.

판교·광교와 동탄 2 신도시의 차이는 무엇일까요? 가장 큰 차이는 바로 광역교통망과 교통 편의시설, 자족도시라는 점입니다. 앞의 두 곳은 신분당선을 이용해 강남권까지 20~30분 내외 접근이 가능합니다. 이에 비해 동탄 신도시는 출퇴근 시간 기흥 IC의 정체가 심하고 서울을 오가는 광역버스의 배차 간격도 커서 교통과 관련해 지역 주민들의 원성이 높습니다.

그러나 동탄 2 신도시라고 다 실패한 것은 아닙니다. 첫 분양 시 동탄 1 신도시에 비해 주변 인프라가 부족한 편이었지만, 신축 수요로 분양권에 높은 프리미엄이 붙었습니다. 그러나 대규모 공급으로 상황이 바뀌었으며, 지역적 위치 즉 남측이냐 북측이냐에 따라 명암이 갈립니다. 동탄역에서 수서고속철도SRT를 타면 강남권인 수서역까지 15분 만에 이동할 수 있어서, 동탄역과의 접근성에 따라 거래 가격이 차이가 납니다. 동탄역에서 떨어진 단지는 주위 미분양 물량까지 증가하며 가격이 하락했습니다. 현재는 공급량이 감소하며 급매물이 정리되며 마이너스 분양권이 소진되었습니다.

이처럼 같은 신도시라 해도 교통망과 공급 물량이 가격 형성에 중요한 요소로 작용합니다.

최근 가장 뜨는 이슈는 바로 '트램'입니다. 도로 위에 깔린 레일을 따라 움직이는 전동차인 트램은 위례와 동탄 신도시의 부동산 가격에 중요한 영향을 미쳤습니다. 트램 노선의 윤곽이 정리되면서 북동탄에 비해 외면받던 남동탄 단지 수요가 늘었고, 트램 정류장이 생길 것으로 예상되는 아파트의 분양권에는 억대 프리미엄이 붙고 있는 상황입니다.

NEWS CHECK

[2019 道 철도 로드맵 수립]
수도권 통근시간 30분…
'교통혁명' 속도내는 경기도
— 2019.03.06, 경기일보

경기도에서 총 44개 노선 사업이 집행 및 추진되는 가운데 수원1호선 트램, 동탄도시철도 트램, 스마트 허브노선 트램 등이 경기도 도시철도망 구축계획에 선정되었다는 기사입니다.

성공적인 재테크의 비결은
결국 관심과 공부다

4

지금까지 보았듯 신도시라 해서 무조건 오르고 재산상의 이득을 가져다주는 것은 아닙니다. 상가가 텅텅 비는 등 편의시설이 부족하여 기껏 입주한 신도시에서 오히려 불편을 겪게 될 수도 있습니다.

그렇다면 흥하는 신도시와 그렇지 않은 신도시를 미리 파악하는 방법은 없을까요? 핵심은 장기적인 도시계획과 인구구조를 이해하는 데 있습니다.

신도시를 개발할 때는 먼저 도시 계획을 수립합니다. 위례 신도시를 예로 들어보겠습니다. 위례 신도시는 2030 서울도시기본계획을 바탕으로 수립되었습니다. 위례 신도시를 이해하기 위해서는 먼저 '2030 서울생활권계획'을 알아야 합니다.

생활권이란 통근과 통학, 쇼핑, 공공서비스 등 일상적인 생활이 이뤄지는 공간 범위를 말합니다. 2030 서울생활권계획은 서울시의 도시기본계획2030 서울플랜을

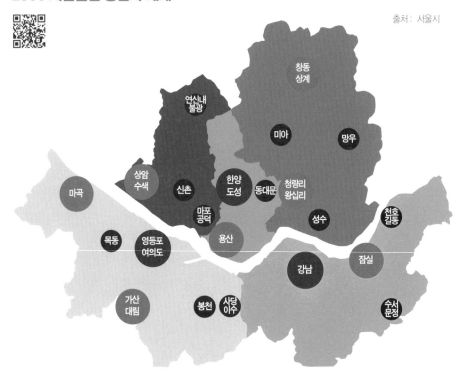

출처 : 서울시

구체화한 후속 계획입니다. 해당 생활권의 발전방향과 관리방안을 제시하고 지역별 맞춤형 지역변화를 유도합니다. 주민생활과 밀착된 지역 맞춤형계획을 통해 예측 가능성을 증대시켜 지역단위 종합적인 발전계획을 수립한 것입니다.

이같은 도시계획 자료는 각 지자체별로 누구나 열람할 수 있습니다. 서울시 생활권계획과 관련된 내용은 planning.seoul.go.kr에서 확인할 수 있으며, 도시

기본계획서 또한 공개되어 있습니다.

문제는 내용을 해석하기가 쉽지 않다는 것입니다. 문서 기술에 사용되는 용어가 익숙하지 않은 탓이 가장 큽니다.

그렇다면 도시계획 관련 자료는 어떻게 활용하면 좋을까요?

일단 이러한 자료들은 개발되는 지역을 콕 집어서 이야기하는 것이 아니라 장기적인 도시 기본 계획을 담고 있다는 걸 알아야 합니다. 각 지역별로 도시기본계획이 수립되어 있는데 이 계획을 기반으로 세부 계획이 수립됩니다. 다시 말해, 도시기본 계획이 향후 도시 개발의 근간이자 뼈대가 되는 것입니다.

그리고 신도시 계발 계획이 보도되면, 발표 내용과 도시 기본 계획서에 있는 장기적인 계획을 비교 분석해 보십시오.

많은 사람이 '어떻게 해야 부동산 투자를 잘 할 수 있는지' 물어봅니다. 제 대답은 이렇습니다.

"모든 투자 수익 및 손실은 투자자 본인에게 귀속되는 것이란 사실만 기억하면 됩니다."

즉, 언론에서 나오는 기사와 전문가들의 전망, 정책 등 모든 정보를 수집하고 분석 및 판단하여 직접 투자를 결정해야 합니다. 그러기 위해서는 부동산에 관심을 가져야 합니다. 관심이 있으면 정보를 수집하고 분석하며 궁금증이 생기고, 더 알고 싶은 마음이 생길 것입니다. 이렇게 스스로 연구하는 과정에서 투기와 투자를 분별할 줄 아는 사람이 될 수 있습니다.

투자와 투기,
한끗 차이가 실패와 성공을 가른다

5

한국인들의 상당수가 '근로소득 외 수입'이라고 하면 부동산 임대 수익을 떠올립니다. 주식 시장은 요동치고 국내외 변수가 많지만, 부동산 시장은 비교적 안정적인 흐름을 유지한다고 생각합니다.

이상하지 않은가요?

지난 정권들부터 현 정권까지, 부동산 대책은 규제하는 내용이 대부분이었습니다. 이러한 정책들이 제대로 효과를 발휘했다면 부동산 시장 또한 심한 부침을 겪었어야 할 것입니다. 그러나 주식, 환율, 자원 등에 비하면 부동산 시장의 부침은 매우 완만한 편이며 서울 및 수도권에서는 전체적으로 우상향하는 경향이 나타났습니다.

이에 관한 부동산 관련 학자나 전문가들의 분석을 들어보면, 수요와 공급뿐 아니라 투자 심리에 대한 이야기를 많이 합니다. 부동산 거품론이나 하락론 등에는 내성이 생긴 한편 거듭된 급등으로 인하여 '아파트는 사놓으면 무조건 오른다' 등 일종의 경험 값을 학습했다는 것입니다.

부동산, 투자와 투기를 가르는 요소는?

"좀 무리해서 아파트를 샀는데 이번에 이사가려고 보니 3억이 올라있지 뭐야?"

"○○씨는 오피스텔로 월세도 벌고 시세 차익도 봤다던데."

사회생활을 어느 정도 하다 보면 주변에서 이런 이야기를 흔히 듣게 됩니다. 그러다 보면 부동산으로 수입을 못 올리는 자신이 바보 같이 여겨지기도 하지요. 네이버 부동산 등 포털사이트를 뒤지다가 평범한 직장인으로서는 엄두도 못 낼 아파트, 상가 가격에 좌절감을 느낍니다.

'다른 사람들은 대체 어떻게 투자해서 돈을 버는 걸까?'

'나도 부동산 투자해보고 싶다.'

이런 생각을 하며 인터넷을 뒤지고 부동산 재테크 카페에도 가입합니다.

그러면서 비교적 소액으로 할 수 있는 다양한 투자 정보를 접하게 되는데, P2P투자·갭투자·택지투자·경공매·셰어하우스 등등 그 종류도 생각보다 다양합니다. 대부분 장밋빛 전망과 사례를 제시하는 투자 정보를 보며 '일단 시작하기만 하면 나도 금세 부자가 되겠는데?!'라는 단꿈에 빠지기도 합니다.

100% 성공하는 투자란 없습니다. 직간접적으로 '부동산 불패'를 경험했다고 해서, 자신의 투자 또한 성공하리란 보장은 없습니다. 분별력 있게 투자를 결정하지 않으면 손해를 보고 심지어 사기를 당해 큰돈을 잃을 수도 있는 것이 부동산 투자입니다.

위에서 언급했듯 부동산 투자에는 다양한 종류와 방법이 있습니다. 똑같이 토지 투자를 해도 어떤 사람은 성공하고 어떤 사람은 실패해서 발을 동동 구르기도 합니다. 둘 다 소형 아파트를 샀는데 한 사람 것은 오르고, 한 사람은 소위 상투를 잡아서 높은 가격에 사는 바람에 집값 하락에 망연자실한 경우도 보았습니다.

이런 차이는 왜 생기는 것일까요?

실패를 피하기 위해서는 투자와 투기를 구분할 줄 알아야 합니다. 투자와 투기는 종이 한 장 차이라, 대체 어디까지가 투자고 어디서부터가 투기냐고 묻는다면 정확히 답하기는 어렵습니다. 다만 필자는, 적어도 부동산과 관련해서는 '이슈 유무'에서 투기와 투자가 갈린다고 생각합니다.

이슈를 찾지 못한다면
진정한 투자가 아니다

6

전체적으로 시장이 보합세인데 어느 회사의 주식이 올라가는 것은 그 주식을 발행한 회사에 좋은 소식_{이슈}이 있기 때문입니다. 즉, 이슈가 주식 시장에 반영되는 것이지요. 부동산에도 이런 이슈, 즉 이슈가 있습니다.

투기가 아닌 투자를 잘하기 위해서는 관심 있는 투자처에서 이슈를 찾아내야 합니다. 그것이 핵심입니다. 부동산은 부동성_{위치의 고정성}, 다시 말해 지역적인 요인이 크게 작용합니다. 지역적 요인과 지역 경제를 정확히 파악해야 합니다.

이슈를 찾기 위해서는 다양한 관련 정보를 수집해야 합니다. 이를테면 다음과 같은 것들입니다.

- 도시기본계획(장기적인 도시계획)
- 광역교통망 계획
- 주변 부동산 시장의 흐름
- 지자체장의 공약

만약 매수하려고 보고 있는 부동산 가격이 이슈 없이 급등한다면 고민해봐야 할 것입니다. 가격이 갑자기 오르는 데는 긍정적인 면도 있지만, 부정적인 면도 존재합니다. 정말로 이슈가 있어서 가격이 오를 수도 있지만, 이미 고점을 찍은 것은 아닌지 분별력을 가지고 판단해야 합니다. 왜일까요?

여러분이 부동산 투자를 할 때 반드시 기억해야 할 점이 있습니다.

'부동산은 취득보다 양도 시점이 중요하다'는 것입니다. 이 시점을 놓치면 매각이 어려워질 수 있습니다.

부동산 가격의 특징은 한 번 고점을 찍으면 그 이하로는 잘 내려가지 않는다는 것입니다. 기사에는 가격이 하락했다고들 하지만, 단편적인 예로 가격이 오를 때는 10% 전후로 올라가고 하락할 때는 0.1% 단위로 내려가니 상승세와 하락세가 비교할 바가 아닙니다. 이슈가 없는 지역의 부동산 가격이 고점을 찍으면 차후 매각이 어려워지고, 그 물건에 발이 묶여 그야말로 오도가도 못하는 상황이 될 수도 있습니다. 그런 와중에도 대출에 대한 이자 상환은 계속되는 것은 물론입니다.

부동산 투자시에는 자신만의 투자원칙을 수립해야 합니다. 투자대상 선정아파트, 상가, 단독주택 등 및 권리분석은 물론이고 투자대상 지역 현장 확인, 현재 가격부터 과거 거래 가격 확인, 이후 수익률 분석 등이 기본이 돼야 합니다. 여기에 더해 미래 가치에 대한 분석이 따라야 하는데 이는 곧 이슈가 있는지를 파악하는 것과 같습니다

주목해야 할 이슈는 무엇일까?

그렇다면 지금 시점에서 주목해야 할 부동산 이슈로는 어떤 것이 있을까요? 현재

가장 큰 이슈는 도심재생사업^{도시재생 뉴딜사업▶},

국책 사업 중 예타면제사업, 광역교통망

구축에 관한 사업 등입니다.

> ▶ 도시재생뉴딜은 문재인정부의 국책사업입니다. 기존에 있었던 동네를 완전히 철거하고 새로 건설하는 재건축·재개발 사업과 달리 원래 동네의 모습을 유지하면서 도심 환경을 개선하려는 사업을 말합니다.

부동산 침체에도 비강남권 집값 '강세'..정상화 과정?

한국 감정원의 최근 자료를 살펴보면 서울 아파트 매맷값은 12주 연속 하락세입니다. 그러나

지역별로 살펴보면 가격 하락폭 차가 큽니다. 반면 양천구, 영등포구 등 비 강남지역은

도시재생이라는 개발 이슈에, 가격 상승 여지가 있다는 분위기가 조성되면서 가격 하락폭이

더디다는 지적입니다. — 2019. 02. 07, SBS 뉴스

밑줄 친 부분에 주목해보십시오. 2018년 9월 21일 정부는 '수도권 주택공급 확대 방안'을 통해 도심 내에서도 주택공급을 확대한다고 밝히며 자율주택 정비사업, 가로주택 정비사업 등 소규모정비사업을 활성화하기로 했습니다.

특히 '빈집 및 소규모주택정비에 관한 특례법'^{일명 소규모주택정비법}, 즉 소규모정비사업에 주목하기 바랍니다.

소규모주택정비사업은 최소 2인 이상의 집주인의 동의만으로 단독개발보다 높은 사업성을 확보할 수 있습니다.

일단 빈집 정비 사업의 대상은 장기간 1년 이상 방치되어 있는 빈집주택이며, 규모는 1호 이상입니다. 1년 이상 빈집이라니 많은 사람들이 서울에 빈집이 어디 있느냐며 서울에는 적용하기 어려운 사업이라 생각할 수 있습니다. 그러나 아닙니다. 서울 시내에도 빈집이 증가하고 있습니다. 밝힐 수는 없으나 필자 또한 주목하고 있는 지역이 있습니다. 여러분도 눈을 크게 뜨고 한 번 찾아보십시오.

소규모주택 정비사업에는 자율주택정비사업, 가로주택정비사업, 소규모 재건축 등이 있습니다.

왜 소규모주택 정비사업에 주목하는 것일까요? 우선은 건축 규제가 완화되기 때문입니다. 조경 기준, 대지안의 공지 기준, 건축물 높이 제한 완화, 부지 인근에 노외

소규모주택 정비사업의 사업유형

자세한 내용은 QR코드를 통해 국토교통부 보도자료로 이동하여 확인할 수 있습니다

구분	가입조건	비고
자율주택정비사업	단독 10호 미만, 다세대 주택 20세대 미만 집주인 2명 이상이 모여 주민합의체를 만든 후 건축협정 등의 방법으로 공동주택을 신축하는 소단위 필지 사업	신규도입
가로주택정비사업	1만㎡ 미만의 가로구역에서 실시하는 블록형 정비로서 조합을 결성하여 공동주택을 신축하는 사업	2012년 도입, 도시 및 주거환경정비법→ 소규모정비법 이관
소규모 재건축	200세대 미만의 다세대·연립주택 단지에서 실시하는 단지형 정비로서 조합을 결성하여 공동주택을 신축하는 사업	신규도입

주차장 확보 시 주차장 설치 기준 완화, 임대주택 건설에 따른 특례로 용적률 법적 상한 적용, 주차장 기준 완화 등 혜택이 큽니다.

그러나 가장 큰 혜택은 행정 절차 간소화와 지자체의 행정 지원이라 할 것입니다.

비단 현 정부뿐 아니라, 앞으로 들어설 다른 정부도 재건축과 재개발은 억제할 것으로 예상됩니다. 재건축·재개발은 전면 개량 방식으로 도시환경 및 시설을 현대화하지만 그 지역에 살고 있는 원주민이 재입주하는 비율은 현저하게 떨어지기 때문입니다. 앞으로 정부와 지자체들은 원래 그 지역에 사는 원주민도 함께 포용할 수 있는 소규모주택 정비사업에 대하여 지원을 계속할 것입니다.

이같은 도시재생 시대에 각광받는 투자처는 바로 단독주택입니다.

부동산 시장의 소리 없는 강자로
떠오르는 단독주택

7

부동산 관련 기사를 보면 90% 이상이 아파트에 관한 것입니다. 신도시 아파트 가격, 서울 시내 아파트 가격, 지방 중소도시 아파트 가격 등등 아파트에 관한 이야기가 주를 이룹니다. 이런 상황에서 언론의 사각지대에 있다 할 단독주택에 주목할 필요가 있습니다.

　주택값이 오른다고 하면 대개 아파트값 오르는 것만 생각하지만, 사실 단독주택 가격이야말로 소리소문없이 꾸준히 상승하는 추세입니다. 이슈가 있는 곳은 가격이 급등하기도 했습니다. 이와 관련해 주택산업연구원은 2019년 주택 시장과 관련해 '아파트값은 하락폭이 확대되나 단독주택 가격이 상승세를 보여 전체 집값 하락 수준이 낮을 것'이란 전망을 내놓기도

NEWS CHECK

전국 단독주택 가격 24개월
연속 상승…지방도 온기
— 2019.02.05, 매일경제

아파트 가격 추이는 지역 간 격차가 컸으나, 단독주택 가격은 수도권과 지방을 막론하고 전체적으로 상승하는 추세입니다. 이를 통해 향후 시장 흐름을 전망해보는 자세가 필요합니다.

했습니다.

어떤 정부든, 부동산 대책을 보면 '주택 = 아파트'로 보고 있음을 알 수 있습니다. 여기서 말하는 아파트는 또한 강남 지역의 아파트로, 정부의 부동산 정책들은 대체로 강남권 아파트값을 규제하는 대책이라 해도 과언이 아닙니다.

이에 비해 단독주택은 소규모주택 정비사업의 대상으로 오히려 정책적 지원을 받는 대상입니다.

가격 면에서도 메리트가 있습니다. 아파트의 가격대는 천차만별로, 서울 시내 아파트 대부분이 평범한 월급쟁이로는 엄두를 못 낼 수준입니다. 그러나 단독주택은 일반 직장인들도 접근할 수 있는 가격대의 물건이 아직 많이 남아 있습니다.

투자 안목을 키우려면, 먼저 의문을 품어라!

단독이라고 해서 다 같은 단독주택이 아닙니다. 단독주택의 가격은 부속 토지의 면적에 따라 결정됩니다. 아파트도 토지 위에 지어지는 것이며, 단독주택도 토지 위에 지어지는 것입니다. 재건축 아파트 매입 시 최우선적으로 고려하는 사항은 대지지분율이라는 점을 참고하십시오.

종종 단독주택을 허물고 건물을 신축하는 곳을 보게 됩니다. 소규모 신축 판매업을 영위하는 업자들은 단독주택을 매입하여 다세대, 연립, 상가 등으로 신축

후 판매합니다. 이런 광경이 보이면 이제부터는 그냥 지나치지 말고 유심히 살펴보기 바랍니다. '여기에 왜 건물을 신축할까?'라는 질문을 해보십시오. 그리고 '어떤 건물이 들어설까?' '건축주는 무슨 생각으로 이곳에 건축할까?' 등등의 의문이 생겨야 합니다. 이런 식으로 관심을 가지고, 의문점을 풀기 위해 그 이유를 찾아보십시오. 이런 경험이 한 번 두 번 쌓이면 물건을 보는 안목이 생기고, 분별력이 향상됩니다.

같은 동네 같은 곳에 위치에 있다고 해서 다 같은 단독주택이 아닙니다. 그 차이점을 분별하는 안목을 가진다면, 단독주택은 좋은 부동산 투자처가 될 수 있습니다.

초보 투자자들이 빠지기 쉬운 달콤한 유혹, 갭투자의 진실

8

"4천만 원으로 아파트 사서 초특급 수익률 올린 실화."

사회 초년생 D씨는 한창 재테크에 관심을 가지고 관련 카페를 보던 중 위와 같은 문구를 발견했습니다. 호기심에 클릭해보니 2억짜리 집을 보증금 1억 6천만 원짜리 전세 세입자를 끼고 자기자본금 4천만 원으로 구입했는데, 집값이 2억 3천만 원으로 올라 75%의 자기자본 수익률을 올렸다는 이야기였습니다. 상승액 3,000만 원 ÷ 자기자본 4,000만 원 × 100

'가만, 내가 지금 가진 돈이 2천만 원인데, 2천만 더 대출받으면 나도 집 한 채를 살 수 있는 거 아닌가?'

이런 생각에 집값에 관한 장기적인 낙관론까지 여러 편의 글을 읽고 나자 D씨의 마음속에는 '돈 없이도 집 살 수 있겠다'는 희망이 부풀어 올랐습니다.

대학생도 알바비 모아 투자···부동산 '갭투자' 광풍

최근 2~3년 동안 서울을 중심으로 아파트값 오름세가 지속되면서 갭투자 광풍이 불고 있다.
갭투자는 높은 전세 보증금을 낀 투자로, 적은 투자금으로 주택을 매입할 수 있기에 아르바이트비를
모아 투자금을 만든 대학생들까지 뛰어들고 있는 실정이다.

— 2017. 06. 12, 머니투데이

위 사례와 기사를 통해 알 수 있듯, 갭투자는 전세 보증금을 끼고 적은
자기자본으로 집을 사는 형태를 말합니다. 매매가와 남의 돈전세가의 레버리지를
극대화시켜 부동산을 구입하는 방법인데, 이것은 투자가 아니라 투기로 봐야 합니다.

갭투자라고 해서 다 나쁜 것은 아닙니다. 사실 레버리지지렛대 효과를 이용하여
부동산을 사고파는 것은 훌륭한 투자 수단 중 하나입니다. 다만 이런 방법이
변질되어 묻지마식 투기의 수단이 된 것입니다. 갭투자로 돈을 벌었다는 성공담이
각종 미디어에서 흥행하며 너도나도 뛰어들었고, '대학생도 알바비 모아 투자'라는
기사가 날 정도로 사회에 파장을 몰고 왔습니다.

필자라고 이런 투자를 몰라서 안 했을까요? 아닙니다, 알면서도 안 한 것입니다.
투기 세력 등이 올린 집값으로 인해 누군가는 피해를 보는 상황이 발생할 수 있기
때문입니다.

양날의 검, 레버리지의 무서운 이면

부동산 투자 시 레버리지는 굉장히 중요한 요소이며, 투자의 기본 요소입니다. 레버리지는 지렛대라는 뜻으로, 지렛대는 작은 힘으로 무거운 것을 들어올리는 수단입니다. 이를 투자에 적용해보면 자기자본은 적지만^{작은힘} 빚^{지렛대}을 이용해 큰 이익을 내는 것임을 알 수 있습니다.

정리하자면, 레버리지 효과란 남의 자본을 빌려서 자기자본의 수익률을 높이는 것입니다. 레버리지 효과를 이용하라는 것은 부동산 투자 전략에서 빠지지 않는 내용이기도 합니다.

그러나 무분별하게 이용하면 반드시 문제가 발생합니다. 여유자금을 가지고 레버지리를 더해 수익을 내는 것과, 아주 적은 금액에 레버리지를 더해 투자하는 것은 큰 차이가 있습니다.

레버리지는 수익률을 높이기 위해 사용하는 전략입니다. 레버리지를 활용한 부동산 투자 이후 나의 의지와는 상관없이 경기 둔화, 정부 정책 등 기타 여러 가지 요인으로 부동산 시장이 꽁꽁 얼어붙는 상황은 누구에게나 올 수 있습니다. 부동산은 환금성이 다른 투자 자산에 비해 낮습니다. 부동산 시장이 활발하게 거래되는 시점이라면 부동산을 매각·임대하는 데 별다른 지장이 없지만, 그 반대의 경우가 있을 수 있습니다. 미래에 발생할 위험 요소에 대하여 대처방안까지 수립 후 투자해야 합니다.

특히 갭투자는 일반적인 대출이 아니라, 무이자 차입금이라 할 선세 보증금을 레버리지로 활용하기에 더욱 큰 문제가 있습니다. 위험 요소가 투자자 본인뿐 아니라 전세 세입자에게도 영향을 끼치기 때문입니다.

계약 기간이 만료되어 전세 보증금을 반환해줘야 하는 상황에서 매매 가격이 떨어지고 전세가마저 하락하여 돌려줄 돈이 없다면 어떤 상황이 발생할까요? 이런 주택을 깡통주택이라고 합니다. 전세 가격이 매매 가격을 초과하여 집주인이 전세금을 돌려주지 못하는 상황을 뜻합니다. 가격 하락으로 개인의 현금 자산에 유동성 위기가 온 것입니다. 기업에만 유동성 위기가 오는 것이 아닙니다. 개인 경제에도 이런 상황이 발생합니다. 시장의 전반적인 흐름을 이해하지 못하면 개인도 유동성 위기를 겪을 수 있습니다.

집주인이 세입자에게 보증금을 못 돌려주는 경우 이자를 지급하고 있다는 기사 또한 나왔습니다. 보증금을 못 돌려받을 것을 우려한 임차인이 해당 주택을 시세 이상으로 매수하거나, 끝내 보증금을 받지 못한 임차인이 강제 경매를 신청하는 경우도 늘었습니다.

갭투자에 대한 무분별한 욕심으로 세입자에게 큰 피해를 주는 것입니다. 세입자는 금전적·심적으로 피해를 보게 됩니다. 개인마다 차이가 있겠으나, 세입자에게 전세 보증금은 큰 재산입니다.

위험성을 알고 그에 관한 책임을 질 준비가 되어 있으며, 그럼에도 수익을 예상했다면 그것은 투자가 맞습니다. 그러나 갭투자와 관련된 사회적 현상에 휘말린

나머지 불나방처럼 달려들어 묻지마식으로 뛰어든다면 그것은 투기이고, 이 행렬에 동참한 사람들은 투기 세력인 것입니다.

투자와 투기의 종이 한 장 차이를 잘 알았으면 합니다.

갭투자 수익률의 민낯

수익률 또한 예상하는 바와 다릅니다. 보통 수익률이라 하면 시세 차익만을 생각하기 쉽습니다. 다르게 표현하면 세전 이익만을 생각하는 경향이 대부분입니다. 차익분에 대한 양도소득세를 고려하면, 수익률은 본인 상황에 따라 시세 차익액의 최대 50% 이상 줄어들 수 있습니다. 물론 그렇다 해도 세후 차익금은 투자금 대비 결코 적은 돈이 아닙니다.

부동산 투자 시에는 취득과 동시에 양도에 대한 계획을 세워야 합니다. 취득세율보다 양도세율이 높기 때문입니다. 양도소득세에 대하여 기본적으로 이해하고 내용을 잘 알아야 실제 남는 수익을 예상할 수 있습니다. 양도소득세 금액은 보유 기간과 양도 차익에 따라 세율이 다릅니다. 부동산의 종류에 따라, 정부 규제 정책에 따라 적용되는 세율이 다르고, 세율 변동이 심하므로 꼭 취득 시에 양도 계획을 수립하여 전문 자격자와의 상담이 필수입니다.

눈에 보이는 세전 이익과 세후 이익의 차이를 알고 투자 계획을 수립해야 합니다. '매가가격 – 투자원가레버리지 = 매출이익 '이 세전 이익이라면, 여기서 양도소득세를 차감한 것이 바로 세후 이익입니다.

셰어하우스, 공유 공간 등
소규모 부동산 사업을 생각한다면

9

사회초년생들에게 주택이나 상가, 오피스텔 등의 부동산 투자는 먼일처럼
느껴집니다. 그러나 '재테크' 하면 필연적으로 맞닥뜨릴 수밖에 없는 것이 또한
부동산 투자지요. 이런 와중에 요즘 인기를 얻고 있는 것이 소액으로 가능한
다채로운 투자 상품들입니다. 적게는 몇십만 원으로 부동산 투자를 시작할 수
있다거나 일이천만 원 정도로 임대사업을 할 수 있다는 이런 투자 상품들, 과연
돈을 벌 수 있는 것일까요?

진짜 투자가치가 있는 것인지, 조심할 점은 없는지 궁금한 분들이 많을 것입니다.
이번 장에서는 이런 의문을 풀어드리려 합니다.

당신은 부동산 사업에 뛰어들 준비가 되어 있습니까?

적은 돈으로 부동산에 투자하는 방법을 알려주는 소그룹 강의가 많이 생겼습니다. 대체로 부동산 공유경제 플랫폼에 기반을 둔 것들로, 공유경제에 대한 관심이 높아지면서 소호사무실, 셰어하우스, 도심형 민박사업^{에어비앤비} 등, 카페 등 공간대여 사업이 주목받고 있습니다.

기업이 투자하여 운영하는 곳도 있지만, 개인들 또한 많은 관심을 가지고 속속 뛰어드는 상황입니다. 이런 부동산 공유경제 관련 사업 자체는 문제가 아닙니다. 몇 시간짜리 강의를 듣고 무작정 시작하는 사람들이 많다는 것이 문제입니다.

저 또한 이 같은 강의를 들어본 적이 있습니다. 강의를 들으면 세컨잡으로 하기에 이렇게 좋은 일이 없는 것 같습니다. 자신이 가지고 있는 적은 돈으로도 어렵지 않게 임대수입을 얻을 수 있다니, 내일 당장 시작하면 곧 성공할 것만 같은 기분에 휩싸입니다.

그러한 강의나 학원의 옳고 그름, 좋음과 나쁨을 논하자는 것이 아닙니다. 다만 위험성보다는 장점만 부각시키는 곳이 대다수다 보니 수강생들이 쉽게 장밋빛 꿈에

PLUS TIP **오래 전부터 존재해온 부동산 공유**

공유경제는 최신 용어이지만, 사실 우리가 '부동산 공유'를 해온 역사는 오래되었습니다. 다른 사람에게 자신의 공간을 빌려주고 대가를 받는 행위는 과거부터 있었으며, 시간이 흐른 지금 '공유경제'라는 말이 생겼을 따름입니다. 대표적인 것이 부동산 임대차입니다. 주택, 상가 등의 공간을 전세, 월세, 단기임대 등 다양한 형태로 소유주가 사용자에게 빌려주고 그 대가를 받았습니다. 즉, 부동산 공유경제라는 것이 완전히 새로운 개념은 아닌 것입니다.

빠져듭니다. 이 점은 분명 경각심을 가져야 합니다.

어떤 투자나 사업을 하든 최소한의 위험성을 반드시 파악하십시오. 전혀 위험하지 않는 사업이나 투자는 없습니다. 아주 작은 가능성이라도 무엇이 위험 요소인지를 알고 사업계획을 수립하는 것과 그렇지 않은 것은 천지차이입니다. 기본적인 임대차 법률관계도 모르는 채로 무작정 돈을 벌 수 있다는 말에 혹하여 '남들도 다 하니까', '아직은 잘못된 사례가 없다고 하니 나도 괜찮겠지'라는 마음으로 사업에 뛰어드는 것은 무모한 일입니다.

투자금 대비 수익률에 대한 판단, 최소한의 임대차 계약에 대한 법률관계, 임대차 수요에 대한 판단 등을 거쳐 제대로 된 사업계획을 수립해야 합니다.

노력 없이 돈 벌 수 있다는 환상을 버려야 합니다. 어떤 사업이든 준비 단계부터 운영, 매각까지 철저한 노력이 전제되어야만 성공할 수 있습니다.

한창 화제가 되고 있는 〈골목식당〉이라는 프로그램을 보면, 청년들이 나름의 컨셉을 가지고 식당을 시작하고서도 제대로 된 사업 전략을 수립하지 못해 고전하는 사례가 자주 나옵니다.

백종원 대표의 솔루션은 장사의 기본기를 닦고 전략을 세우는 것입니다. 이러한 솔루션을 받아들인 곳은 변화된 모습을 보였지만, 방송 이후 다시 예전 모습으로 돌아간 곳도 있다고 합니다. 아마도 기본 자세와 준비성의 차이가 아닐까 합니다. 장사^{사업} 마인드가 있고, 음식을 만드는 데 있어 나름대로 준비가 되어 있던 분들은 전략 보완을 통해 일취월장, 성공을 거두고 있습니다.

부동산 임대사업도 마찬가지입니다. 사전 준비가 필요합니다. 가장 기본적은 것은 자신만의 사업계획입니다. 얼마를 투자하든 간에 사업계획은 필수입니다. 이를 얼마나 잘 세웠느냐가 성공에 중요한 영향을 미칩니다.

'난 소액투자를 생각하는데 설마 사업계획까지 필요하겠어?'

이런 생각은 버려야 합니다. 얼마가 되었든 투자에 들이는 돈은 소중한 종잣돈입니다. 열심히 일해서 번 종잣돈을 날리고 싶은 사람은 없을 것입니다.

부동산 사업계획을 세우는 법

사업계획은 무엇부터 어떻게 준비해야 할까요?

일단은 모방하십시오. 다른 사람들이 수립한 사업계획(서)을 보고 따라 해보는 것입니다. 다른 사람들이 쓴 사업계획(서)을 수집하고, 그중 임대사업 규모를 확인하고, 먼저 시작한 사람들이 어떻게 했는지 확인한 후 이를 모방하여 자신의 사업계획서를 써보는 것이 중요합니다.

그렇다면 사업계획은 어디서 찾을 수 있을까요?

블로그와 카페, 인스타그램 등에서 다양한 시설 관련 사진, 진행 과정 사진과 설명, 후기 등을 찾을 수 있습니다. 또한 개인부터 기업에 이르기까지 부동산 사업계획서들 또한 인터넷에서 어렵지 않게 검색됩니다.

이러한 사업계획을 볼 때 권하고 싶은 점이 있습니다.

첫째, 공간 활용을 우선적으로 고민하라는 것입니다.

많은 사람이 보편적인 주거 형태만을 생각하지만, 앞으로 부동산 사업을 고려한다면 좀 다르게 생각했으면 합니다. 아무리 작은 공간이라도 사용자들을 고려한 공간 디자인이 필요합니다. 예를 들어 똑같은 원룸이라 해도 편안한 휴식처 컨셉으로 만들 수도, 모델하우스나 호텔 같은 공간으로 만들 수도 있습니다.

이렇게 컨셉이 있는 공간을 연출하다 보면 초기 투자금이 커지지 않을까 우려할 수 있습니다. 초기 투자 비용을 높게 잡으면 회수하는 기간이 오래 걸립니다. 그러나 조금만 찾아보면 기본적인 인테리어에 더하여 컨셉을 추가할 수 있는 다양한 소품이 많습니다.

둘째, 운영소득에 대한 계산이 반드시 필요합니다.

사업계획을 세울 때는 운영소득 계산을 해야 하는데, 그중에서도 고려해야 할 것은 월별·연도별 현금 흐름입니다. 현 흐름을 확인하기 위해 계산해야 할 항목들은 다음과 같습니다.

❶ 가능총소득

부동산에 입주가 완료되었을 때 1년간 얻을 수 있는 총소득입니다.

가능총소득 = 1년 임대료* + 보증금 운영 수입*

1년 임대료 = 월 임대료 × 12

보증금 운영 수입 = 보증금 × 2금융권 정기예금 금리

❷ 순영업소득

총소득에서 모든 영업경비를 제하고 남는 실제 순소득입니다.

순영업소득 = 총소득 – 영업비용 ● **영업비용** 관리비, 대출이자, 기타 각종 운영경비

❸ 세후 현금 흐름

소득세를 제외한 현금 흐름을 가리킵니다.

세후 현금 흐름 = 순영업소득 - (순영업소득 × 종합소득세율)

셰어하우스 사업계획의 예

이해를 돕기 위해 셰어하우스 사업을 고려하는 경우를 가정해보겠습니다. 일단은
사업 모델의 장점과 단점을 파악해야 합니다. 이를 위해 확인할 사항은 다음과
같습니다.

- **주요 타깃층의 수요 파악** 연령대와 성별
- **사업지 위치** 강남권역, 강북권역 등
- **예상 공실률**
- **공간 구조 변경 방안** 이미지
- **초기 투자 비용 산출 및 향후 리노베이션을 위한 비용**

리노베이션을 한 곳은 첫 입주가 무난하게 이뤄집니다. 문제는 입주자의 계약
기간이 끝나 재모집할 때입니다. 통상 셰어하우스는 짧게는 2~3개월부터 6개월

단위로 계약합니다.

여기서 일반 임대차와의 차이를 고려할 필요가 있습니다. 일반적인 임대차는 세입자의 계약 기간 요구에 따라 1년 또는 2년을 계약합니다. 셰어하우스는 단기 임대차로 계약하는 것이 보통입니다. 운영자 입장에서는 장기 계약을 유도하는 것이 중요합니다.

한편, 셰어하우스는 대부분 다인실로 구성되어 있지만, 최근 셰어하우스 수요는 1인실이 대세입니다. 그렇다고 해서 무조건 1인실로 만들면 되는 것은 아닙니다. 공실률을 낮추고 수익률을 높이기 위해서는 수요층에 대한 세심한 분석이 필요합니다. 주요 타깃이 대학생이냐 직장인이냐, 위치가 일반 대학가냐 강남과 인접한 곳이냐 등에 따라 공략할 수요층에 맞는 이미지와 공간을 연출해야 할 것입니다. 공간은 구조 및 소품 배치에 따라 이미지가 달라집니다.

셰어하우스는 소위 말하는 '풀옵션'으로 생각하면 됩니다. 다시 말해 몸만 들어가서 거주할 수 있는 공간입니다. 공간 연출에 따라 초반 계약률이 달라질 것입니다. 그러나 공간 연출에 들어가는 비용을 과다하게 책정하면 손익분기점 시기가 달라질 수 있습니다.

그렇다면 얼마가 적당할까요? 현금 흐름을 계획함으로써 예산을 수립할 수 있습니다.

일단은 상품에 대한 원가 비용을 잘 파악해야 합니다. 〈골목식당〉에서 자주 언급되는 것이 '판매할 수 있는 가격'입니다. 이것은 시장에 판매할 수 있는 가격, 즉 원가에 이익을 더한 가격입니다. 원가 개념을 절대 잊어서는 안 됩니다.

철저한 사전 준비가 사업의 성패를 가릅니다. 지금까지 이야기한 것은 사업에 필요한 기본 소양입니다. 얼마를 투입하든, 부동산 투자 또한 '사업'이라는 것을 기억하고 위에서 이야기한 것들을 파악하고 제대로 사업계획을 수립하고 뛰어들길 바랍니다.

돈이 넘쳐나도
이런 투자는 절대 하지 마라

10

필자가 "돈에 깔려 죽을 지경이어도 이런 투자는 하지 마라"고 하는 부동산 투자의 유형이 있습니다. 분양형 호텔, 테마형 상가 등으로 대체로 '투자하면 연 0%의 수익을 보장한다'고 선전하며 투자자를 모집합니다. 은퇴를 앞둔 장년층 중 '연금처럼 보장받는 수익'이란 문구에 유혹당하여 손해를 보는 경우가 드물지 않습니다. 혹시라도 부모님 혹은 주변의 누군가가 이같은 수익형 부동산 투자를 고민하고 있다면 도시락을 싸 들고 쫓아다니며 말려야 합니다.

연수익을 보장한다는 확정 수익률의 함정

50대인 E씨는 '투자 후 5년간 연 6%의 수익을 보장하는 확정 수익보장형 상품으로, 이만한 노후 준비는 없을 것'이라는 분양대행업자의 설득에 강원도의 한

호텔 객실을 분양받았습니다. 분양가는 3억으로, E씨가 가진 돈은 1억 원 정도였지만 '분양가의 70%를 담보대출받을 수 있다'는 말을 듣곤 계약서에 도장을 찍었지요. 일단 호텔이 운영되기 시작하면, 배분받은 수익금으로 이자를 갚고 차액 또한 남을 것이란 계산이 섰던 것입니다.

그런데 잔금일이 다가왔을 때, 실제 대출 가능한 금액은 분양가의 55%에 불과했습니다. E씨는 운영사에 항의했지만 운영사는 분양대행업자와 선을 그으며 자신들은 모른다는 말로 일관할 뿐이었습니다. 잔금을 내지 못한 E씨는 하는 수없이 수십만 원의 중도금 대출이자를 갚느라 등골이 휠 지경입니다. 수익으로 노후대비를 하기는커녕, 신용불량을 걱정하는 처지가 된 것입니다. 실제 사례를 각색한 것입니다.

과거에는 퇴직금을 은행에 넣어두기만 해도 이자로 먹고살 수 있던 시기가 있었습니다. 그러나 지금 같은 저금리 시대에는 꿈도 못 꿀 이야기입니다. 결국 은퇴자 대부분이 퇴직금을 가지고 노후를 꾸릴 고민을 하게 됩니다. 장사는 두렵고, 딱히 투자처를 알지 못하는 상황에서 비교적 적은 금액으로 호텔이나 상가 등에 투자할 수 있는 수익형 부동산 상품은 확실히 매력적으로 보입니다. 거기다가 수익률을 보장한다니, 대체 안 할 이유가 무엇일까 싶습니다.

여기서 잠깐, '확정 수익률'이라는 게 과연 가능한 것일까요?

지금까지 입이 아프도록 설명했듯이 투자에는 반드시 위험성이 존재합니다. 손실의 위험성까지 안고 가는 것이 투자자의 숙명입니다.

한마디로 정리하건대, 확정 수익률이란 존재하지 않으며, 존재하는 것은 오로지

부당광고 행위로 인한 정신적 고통뿐입니다. 운이 좋으면 긴 법정 다툼을 통해
정신적 고통에 대한 위자료손해배상액를 받을 수 있을지도 모르지만, 이 또한 100%는
아닙니다.

분양형 부동산 상품 투자의 정체

2000년대 초반인 노무현 정부 시절 부동산 가격이 폭등하며 부동산 투자에 대한
관심이 매우 높아졌습니다. 그 열기는 2008년 미국 금융위기 전까지 이어졌는데요,
잠시 수그러들었던 부동산 투자 열기가 다시 거세지기 시작한 것은 2011년
후반부터였습니다. 이때부터 부동산을 이용한 다양한 상품이 본격적으로 개발되기
시작했습니다. 2010년대 초반 나온 도시형 생활주택이 대표적이며, 테마형 상가 등에
적은 투자금으로 수익을 올릴 수 있는 상품들이 속속 선보였습니다.

이후 분양을 목적으로 한 상품 중, 분양된 상품을 운영사가 위탁 운영하여 발생된
수익을 나눠주는 상품이 나왔는데 이것이 분양형 호텔입니다. 최근에는 제주도
등 관광지를 중심으로 분양 후 임대 운영하여 수익을 나눠주는 호텔이 인기를
끌었습니다.

그렇다면 이런 부동산 상품들은 어떤 사업구조를 가지고 있을까요?
분양형 부동산 상품에는 3가지 주체가 존재합니다. 투자자와 운영사, 시행사가

그것입니다. 시행사는 투자자에게 상품을 분양하고, 운영사에게는 관리를 위탁합니다. 운영사는 상품을 위탁 운영하며 생긴 수익금을 투자자들에게 배분하게 됩니다.

사업 구조 자체에는 문제가 없으며, 수익을 기대할 수 있는 상품도 종종 있습니다. 중요한 점은 잘 알고 제대로 판단해야 한다는 것입니다.

누누이 말했듯 투자 판단과 그에 따른 책임은 투자자 본인의 몫입니다. 혹시 있을지 모르는 문제를 인지하고 있는 경우와, 어떤 문제가 도사리고 있는지 그 존재조차 파악하지 못한 경우의 결과 차이는 확실합니다. 후자의 경우 대비하지 못한 위험에 빠져 크게 낭패를 볼 수 있습니다.

지금부터 수익형 부동산 투자 시 반드시 파악해야 하는 문제점들을 짚어드리겠습니다.

수익형 부동산 투자 시 반드시 파악해야 할 위험 요소란?

❶ 위탁 운영사의 재무 상태

수익형 부동산 투자와 관련해 가장 중요한 부분이 바로 '위탁 운영사의 실적'입니다. 실적은 어떻게 알 수 있냐고요? 신용도, 즉 재무 상태를 확인하면 됩니다. 운영사의 영업이익당기순이익이 높다는 것은 운영을 잘하고 실적이 좋다는 뜻입니다. 아무리 상품이 좋아도 위탁사가 운영을 잘하지 못하면 고객이 해당 호텔이나 상가 등을 찾지 않을 것입니다.

❷ 확정 수익률

확정 수익률을 언급하는 상품은 가능한 피하십시오. 이런 상품들의 문제는 투자자를 모집하기 위해 일종의 영업을 하는 과정에서 심각한 과대 광고가 이루어진다는 점입니다. 앞서 E씨 사례처럼 투자 결정 시 분양대행업자와 상담한 내용이 실제 계약 내용과 완전히 다른 경우도 있습니다. 과대 광고와 상담으로 인한 손해는 누구도 책임지지 않으며, 법적 공방까지 간다 해도 매우 어려운 싸움이 됩니다.

앞서도 말했지만, 확정 수익률이란 애초 존재하지 않는 것입니다. 업자들이 말하는 수익률은 분양 당시에 투자 대비 예정 임대가격으로 판단하는 것일 뿐, 분양가 대비 수익률을 책정한다는 것 자체가 무리가 있습니다. 실제 입주 때 시장이 어떻게 변할지는 누구도 모르는 모르는 일입니다. 영종하늘도시 전세 가격이 하락하는 것이 대표적인 예입니다.

반대로 예상 수익률보다 실제 수익률이 높을 수도 있습니다. 완공된 후 이용자들이 '이곳은 가성비가 좋다'고 생각한다면, 즉 이용 가격 대비 만족 가치가 높다면 이용자가 늘어 수익률은 상승할 것입니다.

수익형 부동산 투자를 고려한다면, 완공 이후 분양받은 부동산 가격이 달라질 수 있다는 점을 알아야 합니다. 분양 취득 가격에 변동에 영향을 주는 변수가 많이 존재한다는 것은, 다시 말해 불확실한 투자 상품이란 뜻입니다.

테마 상가의 꽃, 키 테넌트가 함정이다

테마형 상가는 분양형 호텔과 더불어 비교적 적은 금액으로 투자가 가능한 대표적 상품입니다. 신도시나 뉴타운 쪽 '상가 분양' 광고를 보면 '비록 건물주는 아니지만, 신축 상가의 점포를 가진 임대주가 될 수 있다면, 괜찮은 투자 아닐까?'라는 생각이 듭니다. 그러나 이 역시 고민해봐야 합니다.

분양사가 하는 광고 내용을 다 믿지 말고, 민감하게 확인하십시오. 우리나라의 분양은 선先 분양입니다. 신도시를 중심으로 분양하는 상가의 특징은 상품 구성에 맞게 임차인들을 구한다는 것입니다. 예를 들어 건물 전체가 메디컬 센터라는 테마를 가지고 구성되어, 병원과 약국을 입주시키는 경우가 있습니다. 그런가 하면 쇼핑몰을 테마로 하여 패션, 잡화 등으로 구성하기도 합니다. 제기동에 있는 한 대형상가는 한약재를 파는 상가로 테마를 구성 분양했습니다.

이 같은 테마 상가의 핵심은 메인임차인 '키 테넌트key tenant'입니다. 키 테넌트란 상가나 쇼핑몰 등에서 고객을 끌어들이는 핵심 점포를 말합니다. 이들이 사람을

PLUS TIP **스타필드도 테마형 상가인데?!**

테마형 상가의 위험성을 이야기하면 스타필드를 떠올리며 의아해하시는 분들이 있습니다. 스타필드 또한 테마 상가인 것은 맞습니다. 그러나 스타필드는 분양을 하지 않는 상가입니다. 애초 입점 단계에서부터 쇼핑과 보고 즐기고 먹을 것을 풍성하게 구성하여 고객의 동선이 스타필드 안에서 머무르도록 설계했습니다. 즉, 임대 수익만으로도 수익을 올릴 수 있는 구조인 것입니다.

모으는 역할을 해야 하는데, 대부분의 테마 상가가 키 테넌트를 영화관으로 잡습니다.

영화관이 입점해 있는 테마 상가를 방문해본 분이라면, 영화관 이외의 점포들은 텅텅 비어 파리를 날리고 있거나 아예 문을 닫은 모습을 본 적이 있을 것입니다. 영화관으로는 고객이 계속 드나드는데 근처 점포들이 장사가 안되는 이유는 무엇일까요? 사람들이 영화만 보고 돌아가기 때문입니다. 즉, 상가에 사람이 모이기는 하는데 그 이유가 오직 '영화 관람'뿐인 것입니다. 다른 볼거리, 먹거리가 없기 때문입니다.

수익형 부동산과 테마 상가, 분양형 호텔 등에 투자할 때는 절대 급하게 결정해서는 안 됩니다. 충분한 시간을 가지고 앞으로의 전망을 봐야 합니다. 주위의 조언도 충분히 듣고, 고려할 필요가 있습니다. 이러한 종합적인 판단이 서지 않는다면, 투자를 만류하고 싶습니다.

'하이 리스크 하이 리턴'이런 이야기를 많이 들어보았을 것입니다. high risk high return(위험이 높은 만큼 수익이 높다), 이 말은 곧 Nothing Venture Nothing Have(모험이 없는 곳에 이익도 없다)는 말과 일맥상통합니다. 어떠한 상품이 엄청난 고수익을 보장한다며 이를 광고한다면, 얻을 수 있는 수익의 가능성만큼이나 손실 위험률이 매우 높은 투자 상품이라는 것을 기억하십시오.

마지막으로 꼭 당부하고 싶은 것이 있습니다. 테마 상가 등 분양과 관련된 사기 사건이 드물지 않게 있었는데, 2003년 굿모닝시티 상가 사기 분양 사건, 2018년 부산

정관신도시의 대형 멀티플렉스 상가 사기 사건 등이 대표적입니다.

이들은 이상할 정도로 저렴한 대출 금리, 그리고 고수익을 약속하는 상품이라는 특징이 있습니다. 그들이 말하는 고수익이 아무리 유혹적이더라도 뒤도 돌아보지 말고 나와야 합니다.

또한 계약한 이후에는 분양 계약자가 지정한 계좌_{분양계약서에 명시된} 이외에 다른 곳으로 송금해서는 안 됩니다. 이 사항은 불변입니다. 계약 당사자 외 다른 명의자의 계좌로는 절대 송금하지 않아야 합니다. 이와 관련해서 법인과 개인의 차이를 간과한 나머지 낭패를 보는 경우가 있습니다. 즉, 법인의 대표가 자신의 개인 명의로 송금을 유도하는 것인데, 아무리 분양사 대표라 해도 법인의 자금을 사용할 수 없다는 점을 기억해야겠습니다.

10년 후 삶의 질을
바꿔줄 부동산테크
비밀과외

언젠가 반드시 진가를 발휘할
안목 만들기

부동산 개발의 패러다임이 바뀌고 있다.

소유에서 공유로,

불도저식 재개발에서 도시 마을 재생으로 –

이런 변화가 의미하는 것은 무엇일까?

부동산에서도 상상력과 기획력이

점점 더 중요해지고 있는 것이다.

부동산에 관심이 있다면,
무조건 경매 공부부터 시작하라

1

필자는 부동산 공부의 첫걸음으로 경매를 적극 추천합니다. 필자도 경매로 공부를 시작하여 부동산업에 종사하고 있습니다. 경매를 추천하는 이유는 두 가지입니다. 이론과 현장을 동시에 경험할 수 있기 때문입니다.

부동산에 입문하는 분들에게 경매 공부를 추천하면 반응은 크게 두 가지로 나뉩니다.

"그 어려운 것을 하라고?!"

"경매를 하면 큰돈을 벌 수 있던데, 그럼 나도 한 번?"

경매가 어렵다는 것도, 경매를 하면 큰돈을 벌 수 있다는 것도 모두 오해입니다. 먼저 이 같은 고정관념에서 벗어나야 합니다.

필자가 경매, 아니 경매 '공부'를 추천하는 이유는 부동산 왕초보 탈출을 위한 좋은 방법이 바로 경매이기 때문입니다. 필자가 첫 경매를 시작한 2000년대부터 부동산 투자 수단으로 경매가 알려지면서 현재는 이미 대중화되어 있습니다. 즉, 이미 많은 사람이 참여하고 있어 생각만큼 수익이 나지 않습니다.

부동산 투자의 본질은 수많은 부동산 상품 중에 안전하면서도 수익을 창출할 수 상품을 고를 분별력을 키우는 데 있습니다. 경매 공부는 그런 분별력을 키우는 훌륭한 수단이 되어줍니다. 단, 수단이 본질이 되어서는 안 됩니다.

그럼 경매 공부는 어떻게 하면 될까요? 무조건 일단 학원부터 등록하면 되는 걸까요? 이번 장에서는 난생처음 부동산 투자에 도전하는 분들을 위하여 경매 공부 이야기를 해볼까 합니다.

경매 공부 1단계 : 경매 공부든 외국어 공부든, 단어 외우기가 먼저다

부동산에 관심을 가지기 시작한 대부분이 앓게 되는 병이 있습니다. 바로 '조급병'입니다. 지금 빨리 시작하지 않으면 안 될 것 같은 기분에 사로잡혀 일단 학원을 끊습니다. 한 주에 1번 출석, 10주 과정을 거치고 나면 전문가가 다 된 듯한 마음에 있는 돈 없는 돈 끌어모아 투자를 시작합니다.

조급한 마음, 쫓기는 듯한 기분으로는 냉철한 투자 판단을 내릴 수가 없습니다. 그런 마음이 든다 해도 조금은 차분히 진행했으면 합니다. 초등학생이 바로 대학 입시학원에 갈 수는 없는 노릇이지요, 모든 일에는 단계가 있습니다. 부동산 공부도 마찬가지입니다. 경매 학원에 가더라도 용어를 모르면 진도를 따라갈 수 없고, 반쪽짜리 공부도 되지 못합니다.

가장 먼저 해야 할 일은 부동산 용어에 익숙해지는 것입니다. 부동산 책 한두 권을 펼쳐보고는 "용어가 어려워 무슨 도무지 무슨 말인지 모르겠다"고 공부하길 포기하는 분이 많습니다. 투자는 기본적으로 정보에 대한 판단에 근거하는 것입니다. 그런데 좋은 정보를 알더라도 용어를 모른다면?! 정보를 해석할 수 없고, 제대로 판단할 수 없을 것입니다.

부동산 용어에 익숙해지는 방법은 한 가지뿐입니다. 권리분석을 비롯하여 부동산 용어들은 민법, 주택임대차보호법 등 다양한 법률에 기초하고 있습니다. 이 같은 법률 용어는 외국어나 마찬가지라 이해하면 됩니다. 즉, 외국어 공부를 할 때 단어, 숙어부터 외우듯 부동산 관련 단어와 표현을 공부하고 익히는 수밖에 없습니다.

경매 공부 2단계 : 최소 3개월 이상 민법을 공부하라

용어를 어느 정도 익혔다면, 다음은 민법을 공부할 차례입니다. 법 공부라 해서 겁부터 먹을 필요는 없습니다. 부동산 용어를 정복하면 자연스럽게 강의가 들릴 것입니다.

민법 공부를 위해서는 공인중개사 인터넷 강의를 추천합니다. 최소 3회 이상 부동산 관련 민법 교재를 정독하고, 온라인과 오프라인 중 상황에 맞는 수업을 선택하여 들어야 합니다. 민법 수업은 최소 3개월 이상 수강하고, 공인중개사 시험의 민법 기출문제를 풀어보는 것이 중요합니다. 투자자들 중에는 민법 조항을 본인들의 유리한 쪽으로 해석하는 경우가 많은데, 민법을 공부하고 기출문제까지 풀어봄으로써 이런 오류를 피할 수 있습니다.

경매 강의는 민법+ 주택·상가임대차 특별법을 최소 3개월 이상 공부한 후에 시작할 것을 권합니다. 반년만 참고 공부하다 보면, 처음에는 외국어 같이 들리던 강사의 말이 서서히 이해되기 시작할 것입니다. 초등학교에서 배우는 산수가 중고등학교, 나아가 대학 수학으로까지 연결되는 것과 같은 이치입니다. 힘들더라도 참고 공부하다 보면 민법의 기초가 머릿속에 자리 잡게 되고, 이후에 경매 강의를 들으면 민사집행법이 무엇인지 궁금해질 것입니다. 이 정도가 되면 기초는 다져진 것입니다.

경매는 절차법입니다. 법률에서 정한 절차가 굉장히 중요합니다. 경매 공부를 하면 자연스럽게 민사집행법의 경매 관련 법률을 배우게 됩니다. 더 나아가 처음에 했던 부동산 관련 민법을 다시 공부하고, 민사집행법, 특별법주택임대차, 상가임대차, 세법지방세인 취득세, 국세인 양도소득세 등도 공부해야 합니다.

이런 법률들은 외우는 것이 중요한 것이 아니라, 상황에 맞는 법조항의 차이를 알고 이해하는 것이 중요합니다.

경매 공부 3단계 : 많은 물건을 찾고, 접해보라

부동산에 투자하기 위해 가장 중요한 것은? 투자할 물건을 찾는 것입니다. 그래야 권리를 분석할 수 있고, 실물을 확인하고, 의사 결정을 할 수 있습니다.

경매에 나온 물건은 인터넷으로 확인할 수 있습니다. 대한민국법원 법원경매정보 www.courtauction.go.kr에서 '경매공고, 경매지식, 매각통계, 매각공고, 경매 물건 열람, 경매 절차, 경매 서식 및 용어, 법률 정보 제공' 등을 이용하면 무료로 관련 정보를 얻을 수 있습니다.

또한 유료 경매 정보 제공 사이트들도 있는데요, 필자는 유료 사이트 활용을 추천합니다. 아무래도 정보의 질이 다르기 때문입니다. 그러나 어디까지나 필자의 생각이고, 유료든 무료든 본인의 판단에 의해서 활용하면 됩니다.

전국에 걸쳐 다양한 용도의 물건들이 경매 시장에 나옵니다. 우선 본인이 거주하는 곳을 중심으로, 혹은 관심 있는 지역을 중심으로 물건을 살펴보십시오. 처음에는

PLUS TIP **최소 1년은 온라인과 오프라인, 모두 확인하라**

내 마음에 드는 물건을 찾는 방법에는 여러 가지가 있습니다. 그 중 하나가 관심 지역의 공인중개사 사무소를 통해 확인하는 것입니다. 요즘은 굳이 사무실에 찾아가지 않아도, 공인중개사 사무소들이 온라인에 올려놓은 매물 정보를 확인할 수 있습니다.

그렇더라도 필자는 최소 1년간은 온라인과 더불어 직접 현장에 가서 확인하는 습관을 들이기를 추천합니다. 현장 확인은 권리분석 다음으로 중요한 것입니다. 현장에 가서 실물을 보는 것을 부동산에서는 '임장 활동'이라고 합니다. 온라인에서는 알 수 없는 점들이 현장에 가면 보이기 때문에 임장은 빠뜨려서는 안 되는 작업입니다.

단독·공동주택 위주로 확인해야 합니다.

　필자는 예전에 경매 투자를 할 때 한 건의 입찰을 위해 한 달에 최소 100여 건 이상 물건을 검토했습니다. 그렇게 하다 보니 매매 시세와 임대차에 대한 나름의 데이터가 구축되었고, 이것이 저만의 노하우로 쌓이게 되었습니다. 여러분도 자신만의 데이터를 확보할 때까지 꾸준히 많은 물건을 찾고, 분석하고권리분석, 눈으로 확인임장하기를 바랍니다.

경매는 가장 완벽한
부동산 공부법이다

2

부동산 공부 방법에 앞서 '부동산은 법률 + 정책으로 이루어진 상품이다'라고
정의하고 시작하겠습니다. 부동산에 대해 알기 위해서는 우리나라 법을 이해해야
합니다. 법은 일반적으로 크게 사법과 공법으로 나누어지며, 행위 주체를 기준으로
개인 상호 간의 권리·의무 관계를 규율하는 것이 사법, 국가와 개인과의 관계를
규율하는 법이 공법입니다.

부동산 관련법 중에서는 민법, 민사집행법, 주택임대차보호법, 상가임대차보호법
등이 사법에 해당하며, 국토의 계획 및 이용에 관한 법률, 건축법, 도시 개발법,
개발제한구역의 지정 및 관리에 관한 특별조치법, 도시 및 주거환경정비법, 주택법,
산림법, 산지관리법, 농지법 등이 공법입니다.

사회에서 가장 많이 발생하는 것이 금전적인 다툼입니다. 다툼을 해결하는 데 있어
기준이 되는 법이 민법, 관련 특별법 등이며, 부동산 경매 절차는 민사집행법을 준용
합니다.

서로 간 피해가 없도록 하는 것이 민법의 본질인 것입니다. 권리분석을 하려면 민법과 특별법의 기본 원리를 이해해야 하며, 쉽게 접근하려면 말소기준권리를 알아야 합니다. '말소기준권리를 기준으로 보다 빠르면 인수, 늦으면 소멸'한다는 기본 원리를 숙지하면 됩니다.

또한 실제 경매에 뛰어들지 않더라도, 마치 실전처럼 물건을 찾고 권리를 분석하고 오프라인 현장을 방문하는 경험을 쌓는 것이 중요합니다. 나름대로 의사 결정을 해본 후 실제 경매 진행 결과를 확인합니다. 자신의 의사 결정 내용과 실제 결과를 비교하다 보면 점차 보는 눈이 생기기 시작합니다. 이전에는 없었던 부동산 분석 머리가 발달하게 됩니다.

실전투자의 기본 1. 권리분석

권리분석의 기본에 관해서는 1교시에서 언급했으니, 여기서는 경매 투자의 관점에서 조금 더 설명하겠습니다. 앞에서도 말했듯 권리분석은 곧 '지뢰^{위험 요소} 찾기'와 같습니다. 공시된 자료와 공시되지 않은 자료를 최대한 확인하여, 혹시 존재할지도 모르는 위험 요소를 사전에 피하는 작업이 바로 권리분석입니다.

찾아내야 할 지뢰의 종류는 어떤 것이 있을까요? 압류, 가압류, 저당권, 근저당권, 가처분, 가등기, 전세권, 강제경매기입등기 등이 대표적인 위험 요소입니다. 이 위험 요소는 경매뿐 아니라 일반 매매에서도 중요합니다. 낙찰^{매매} 이후에도 소멸되지 않고 낙찰자^{매수자}에게 인수되는 권리가 존재하기 때문입니다. 이 같은 권리를 전부 찾아 말소^{기록되어 있는 사실 따위를 아주 없애버리는 것}하지 않으면 큰 손해를 입을 수 있습니다.

경매 입찰 참여 전 등기사항전부증명서상에 기재된 모든 권리 및 임차권을 분석하여 낙찰자^{최고가 매수신고인}에게 인수되는 위험 요소^{권리}가 있는지 또는 위험 요소^{권리}가 전부 말소되는지 여부를 판단하는 기준을 '말소기준권리'라고 합니다.

권리분석에 대한 이해가 부족하면 부동산 경매가 어렵게 느껴집니다. 등기사항전부증명서 분석 및 주택임대차보호법, 민법 등 법률을 잘 알지 못하면 제대로 분석할 수 없고, 그러다 보니 장님이 코끼리 더듬듯 드문드문 보이는 대로만 판단할 수밖에 없습니다. 당연히 경매 입찰 참여를 두려워합니다. 하지만 두려워 할 필요가 없습니다. 위험 요소 중 말소기준권리만 찾을 수 있다면 권리분석의 50% 이상은 끝난 것입니다. 이는 일반 매매에서도 동일합니다.

다시 강조하건대, 부동산 공부의 시작은 권리분석입니다.

말소기준권리는 법률용어가 아니라 경매에서 쓰이는 용어입니다. 모든 권리가 말소기준권리가 되는 것은 아니고 일정한 요건을 갖춘 특정 권리만이 말소기준권리가 될 수 있습니다.

PLUS TIP **경매와 일반 매매의 공통점과 차이점**

두 가지 모두 부동산을 취득하는 방법입니다. 경매는 경매법원을 통하여, 일반매매는 중개사 사무소 또는 개인 간 직거래를 통하여 사고판다는 차이가 있습니다. 즉, 매도와 매수가 이루어지는 시장만 다를 뿐 사고파는 것은 동일합니다.

- **최선순위 근저당권, 저당권**(경매에 나온 물건은 대부분이 근저당임)

- **최선순위 압류, 가압류**

- **최선순위 담보가등기**

- **배당을 요구하거나 경매를 신청한 전세권자**

- **강제경매개시결정등기**

말소기준 권리 중 전세권과 가압류는 다음과 같은 전제가 있어야 합니다. 전세권은 배당을 요구하거나 경매 신청을 한 최선순위 전세권집합건물 혹은 건물 전체의 전세권인 경우만 해당되며, 가압류는 가압류된 시점의 채무자 기준으로 해당 여부가 결정됩니다.

주택임대차보호법 제8조 ①항에 의하면 소액임차인 최우선변제의 기준이 되는 권리는 담보물권이라고 명시되어 있습니다. 말소기준권리 가운데 (근)저당권, 담보가등기, 전세권 등은 설정 일자를 기준으로 소액임차인 최우선변제 대상 여부의 기준이 될 수 있지만 가압류는 소액임차인 최우선변제의 지급 기준이 될 수 없습니다. 이 부분은 꾸준히 공부하면 이해가 될 것입니다.

한편, 공시되는 권리는 등기사항전부증명서상에서 확인하면 됩니다. 계약을 원하는 주소지의 등기사항전부증명서를 발급 또는 열람 후 확인해야 합니다. 계약 전후 수시로 등기사항전부증명서를 열람하라는 것은 앞서도 강조한 바입니다.

그런데 열람만 할 것이 아니라 '발급'을 받아야 합니다. 열람출력물은 법적인 효력이 없으므로, 등기사항전부증명서 제목란에 '[제출용]'이라는 문구와 2D 바코드, 복사 방지 마크가 있는 등기사항전부증명서를 발급받아 두는 것이 좋겠습니다.

그래야 추후 법적 분쟁 시 공문서로 제출이 가능합니다.

등기사항 전부증명서를 볼 때는 다음의 3가지를 기본으로 확인해야 합니다.

❶ 계약당사자

계약당사자, 즉 최종 소유자를 확인해야 합니다.

❷ 제한사항

근저당권, 가압류 등 소유권 이외에 등기사항전부증명서에 공시된 모든 권리를 찾아야 합니다. 그리고 이를 등기사항전부증명서상 접수날짜와 접수번호가 빠른 순으로 정리합니다.

❸ 집합건물일 경우 토지 별도등기라는 표기가 있는지 여부

표제부 대지권 표시란 등기원인 및 기타 사항을 확인해야 합니다. 특히 다세대, 연립은 신축건물이든 아니면 건축된 지 오래되었든 반드시 확인해야 합니다. 만약 '토지 별도등기'가 있다면 토지와 건물의 권리관계가 일치하지 않는 것입니다. 별도로 토지 등기를 열람_{발급}하여 확인합니다.

그 외에 공시되지 않는 권리는 소유자에게 사실 확인을 하는 수밖에 없습니다.

자세한 내용은 1교시를 참조하되, 투자 관점에서 다시 한번 강조할 내용은 다음과 같습니다. 참고로, 다가구 주택 및 상가주택의 경우 다수의 이해관계_{세입자}가 존재할 수 있으므로 계약 시_{매매, 임대차} 가급적 직거래는 피해야 합니다.

- 다가구주택, 상가주택일 경우 보증금의 합계

- 토지 별도등기, 임대보증금의 합계(전입세대 열람), 국세완납증명서, 지방세완납증명서

실전투자의 기본 2. 임장

현장에서 확인해야 할 사항 중 가장 중요한 것은 시세급매 가격와 임대차에 대한 정보입니다. 현장 확인 시 기본적인 사항은 관리비 내역 확인, 전입세대 열람 등이 있습니다. 그런데 이보다 더 중요한 것이 바로 주변 '시세'입니다. 그중에서도 급매로 나와 있는 비슷한 물건을 확인해야 합니다. 그러기 위해서는 최소한 인근 공인중개사사무소 3곳은 탐문해야 합니다.

경매 물건 때문에 시세를 조사하러 왔다고 하면 반기지 않는 것이 사실입니다. 이런 거절에 익숙해져야 하겠습니다.

경매를 통하여 얻을 수 있는 자산은 각 지역별 시세 정보, 법률 지식입니다. 부동산 투자를 위하여 경매 이상으로 완벽한 공부법은 없습니다. 한 걸음 더 나아가 공인중개사 자격시험 과목 중 민법, 세법, 공법에 대해 공부하면 부동산 초보에서 벗어났다 할 것입니다. 공부에는 끝이 없습니다. 필자 또한 부족한 부분이 있어 계속해서 학원과 인강, 책 등을 통하여 지식을 공급받고 있습니다.

만약 실제로 경매를 한다면, 처음으로 입찰할 물건은 거주지 인근 지역으로 하는

것이 좋습니다. 익숙한 동네일수록 물건의 장단점을 파악하기 좋기 때문입니다.

입찰할 물건을 정할 때는 목적이 정확해야 합니다. 실거주인지, 투자를 위한 것인지, 장기 보유가 목적인지 혹은 단기 보유할 것인지, 임대 후 매각할 것인지 등 목적이 분명해야 합니다. 그래야 운영 방법을 계획할 수 있습니다.

예비 신혼부부에게 있어 가장 중요한 일은 '신혼집'을 마련하는 것입니다. 신혼집은 단순히 함께 있을 공간 그 이상입니다. 부부가 같은 집을 소유함으로써 재산을 공유하고, 이것이 훗날 자산을 키워나가는 중요한 토대가 됩니다.

그런데 부동산에 대한 경험이 적은 탓에 이처럼 중요한 신혼 첫 집을 잘못 선택하는 경우를 왕왕 봅니다.

예비 신혼부부들은 대개 희망하는 지역을 가지고 있습니다. 거주 희망 지역과 조달 가능한 금액을 설정해놓고, 부동산 중개 플랫폼에 올라와 있는 매물을 검색합니다. 그러다 '아니, 이 가격에 이런 집이?!' 싶은 곳을 발견하면 찾아가 보지만, 허위 매물이거나 광각렌즈를 이용해 찍은 과대 광고이기 십상입니다. 이렇게 몇 번이나 허탈한 발걸음을 돌리는 사이 결혼 날짜가 다가오면 마음이 급해져 기대에 못 미치는 집을 부랴부랴 계약하는 경우가 있습니다.

부동산에 대한 기본 교양 없이 '보이는 현상'에만 신경 쓰다 보면 이런 일을 겪게 됩니다. 예를 들어 면적에 대한 개념이 있다면, 광각렌즈로 찍은 매물 사진을 보고 분명 의구심을 가질 것입니다. '매물 크기가 33제곱미터^{10평}인데 이렇게 넓어 보일 수가 있나?'라는 생각이 들어야 합니다. 시세에 대한 개념이 있다면 '요즘 이 동네 전세 시세에 비해 너무 저렴하게 나왔는데, 문제가 있는 집 아닐까?'라는 의심이 들 것입니다. 그렇지 않고 눈앞의 현상만 보고서 '싸게 나왔으니 무조건 잡아야지'라고 생각하고 들어갔다가는 계약 기간 2년 동안 지옥을 경험하게 될 수 있습니다.

신혼집을 전월세로 구하든 매매로 구하든, 결혼을 앞두고 있다면 집을 구하기 1년 전부터 경매 공부를 시작하십시오. 앞서도 말했듯 경매는 가장 완벽한 부동산 공부법입니다.

읽으면 좋지만, 조금 어려울 수도 있는 **심화 학습** ▶▶▶

부동산 거래의 기본인 등기사항전부증명서를 읽고 분석할 수 있게 되는 것은 물론, 현장 분석 경험을 통해 집을 보는 안목을 기를 수 있습니다. 집은 내부만 있는 것이 아닙니다. 외부도 집의 일부입니다. 집을 보다 보면 외벽이나 계단, 기타 시설물을 통해 노후도와 안전성을 판단할 수 있게 됩니다. 또한 혼자 살 거나 부모님과 살 때는 그다지 염두에 두지 않았던 교육 여건이나 편의시설 등 주변 환경이 집의 가치에 미치는 영향도 알게 됩니다.

그렇다면 왜 1년일까요? 실전에서 올바른 의사 결정을 내리기 위해서는 최소한 반년에서 1년 정도는 공부가 필요하기 때문입니다. 다시 말해 권리분석, 임장, 시세 데이터 구축, 모의 입찰 등 공부 과정을 충분히 거친 후에 실전에 돌입해야 합니다.

그런 의미에서 1년여의 경매 공부를 거친 후 신혼집을 구하게 되면 더욱더 현명한 의사 결정을 내릴 수 있을 것입니다. 또 경매 공부 후 실제로 경매를 통해 좋은 집을 좋은 조건에 매수, 내 집에서 신혼 생활을 시작하는 경우도 있습니다.

경매는 황금알을 낳는 거위도, 로또도 아니다

3

앞장에 이어 경매에 관한 이야기를 더 해보겠습니다. 매년 수없이 많은 부동산 경매가 진행됩니다. 물건이 다양한 만큼 금액과 유형도 다양하며, 시세보다 낮은 금액으로 원하는 물건을 낙찰받을 수 있다는 점이 경매의 가장 큰 매력일 것입니다. 그러한 경매의 꽃은 뭐니 뭐니 해도 '낙찰'이지요. '명도'라고 이야기하는 분도 있습니다. 좋은 물건을 찾아서 합리적인 조건으로 낙찰받는 실전 경매에 관해서는 시중에 책과 강의가 많으니 차근차근 공부해보길 추천합니다.

이번 장에서는 부동산 경매의 입찰 및 낙찰과 관련하여 반드시 알아야 할, 그러나 의외로 많은 사람이 잘 모르는 상식 하나를 설명하겠습니다. 지금부터 말씀드릴 내용만 잘 이해해도 '돈 벌려고 경매했다가 오히려 손해 보는' 상황을 피할 수 있습니다.

경매는 경쟁 입찰, 경매로 항상 돈 번다는 생각은 버려야

독자 중에는 한 번도 부동산 경매를 경험하지 못한 분도 많을 것입니다. 부동산 경매란 간단히 설명하면 이런 것입니다.

A가 집이나 토지, 건물 등을 담보로 B의 돈을 빌렸습니다. 그런데 이자와 원금을 갚지 못하면 채권자 B는 담보 물건을 처분하여 돈을 돌려받길 원할 것입니다. 이를 위해 B는 법원에 '이 물건을 팔아서 제 돈을 갚아주세요'라고 신청하는데 이것이 바로 경매 신청입니다. 채권자가 경매 신청을 하고 법원이 이를 받아들여 경매 개시가 결정되면 일정한 절차 이후 매각 기일이 공고됩니다. 법원에 공고가 올라오면, 이를 보고 있던 사람들경매 투자자들이 그 물건을 조사하고, 물건이 마음에 들면 매각 기일에 해당 경매법원으로 가서 '내가 얼마에 사겠다'고 적어내는데, 이게 바로 입찰입니다. 여기서 가장 높은 가격을 적어낸 사람이 최고가매수신고인이 됩니다.

이처럼 부동산 경매는 경쟁 체결 방식으로, 누가 어떤 물건에 얼마에 입찰하든 관계없이 무조건 높은 금액을 제시한 사람이 낙찰의 주인공이 되는 시스템입니다.

부동산 투자 시 일반적으로 부동산 중개사무소에서 물건을 소개받지만 실제 계약에 관한 판단은 계약 당사자인 본인 몫입니다. 경매도 마찬가지입니다. 경매에 참가하여 물건에 대한 가치 평가, 가격 평가, 종합적인 투자에 대한 분석과 판단을 내리는 것은 전적으로 투자자 본인의 몫입니다. 보통 경매의 수익률이 높다는 이유로 경매에 뛰어들지만 그만큼 위험성도 높습니다.

하자에 대한 판단, 적정 입찰가, 명도 및 집행 등의 절차와 그에 따른 부대 비용, 양도 차익에 대한 세금 등을 종합적으로 고려해야 합니다. 이를 제대로 판단하지 못하면 시세보다 싸게 낙찰받은 것처럼 보이더라도, 차후 매각 이후 손익을 계산해보면 마이너스인 상황이 생길 수 있습니다.

다시 말해, 낙찰받았다고 해서 무조건 돈을 벌 수 있는 건 아닌 것입니다. 바로 여기서 초보자들을 의아하게 만드는, 때로는 멘탈 붕괴를 불러일으키기도 하는 문제가 발생합니다.

경쟁 없이 덜컥 낙찰?! 과연 좋아할 일일까?

경매법정에 가면 종종 탄식 소리를 들을 수 있습니다. '아, 내가 왜 저 물건을 못 봤지'하는 부러움의 탄식, 아니면 '왜 저 물건에 저 가격에 입찰한 거지?'라는 의문 섞인 탄식입니다. 특히 후자의 경우 초보 투자자들의 머릿속을 한참 동안 복잡해지게 만듭니다. '저 건은 입찰하면 안 되는 물건 같았는데, 뭐지? 내 분석이 틀린 건가? 내가 잘못 판단했나?', '저 물건을 저 가격에 받아가도 뭐가 남나? 실거주 목적인가? 아니면 내가 분석을 잘못한 건가?'

한 번은 이런 일이 있었습니다. 물건 자체는 굉장히 좋은데, 선순위 세입자가 있어서 이번 기일과 다음 기일에는 입찰해서는 안 되는 물건이 있었습니다. 그렇게 되면 시세 이상으로 매수하게 되므로, 좋은 물건임에도 2회까지 유찰▶된 상태였습니다. 그런데 한 분이 그 물건을 단독 입찰혼자 입찰에 참여한 것하여 경쟁자 없이 낙찰받았습니다. 굉장히

▶ 유찰이란? 경매에서 낙찰이 결정되지 않고 무효가 되는 것을 말합니다. 유찰되면 서울 기준 최초 감정가 대비 1회 80%, 2회 64%, 3회 51% 등 기일별로 최저 감정 가격에서 20%씩 차감되는데, 이는 법원별로 상이합니다.

기뻐하며 행복한 미소를 띠고 있는 모습을 보니 '내가 모르는 노하우가 있나 보다, 반드시 알아내리라'라는 생각이 들었습니다. 그래서 최고가매수인 신고 후 퇴장하는 그분을 붙잡고 물었습니다.

"선순위 세입자 보증금액을 확인하신 건가요? 아니면 가장 임차인가요? 명도할 수 있는 다른 방법이 있던가요? 아니면 세입자와 관련이 있으세요?"

그야말로 속사포처럼 질문했는데, 이 분이 어리둥절한 표정으로 되묻는 것이었습니다.

"선순위 세입자가 뭐예요?"

이 책을 읽는 여러분은 이제 선순위 세입자가 무엇인지를 알 것입니다. 말소기준권리보다 빠른 세입자로, 대항력전입신고+점유을 갖춘 세입자이지요. 이러한 선순위 세입자 대부분이 배당신고를 하지 않기 때문에 입찰자로서는 보증금액을 확인할 방법이 없습니다. 현장 확인 시 직접 찾아가서 임차인을 만나 물어보거나, 아니면 운 좋게 이 물건을 계약한 공인중개사 사무소에서 들을 수 있겠지만 그럴 확률은 매우 매우 낮습니다.

잠시 멍해진 제 표정을 읽은 아까의 그 낙찰자는 오히려 제게 계속 물어왔습니다.

"감정가가 거의 시세인데…, 가격이 너무 좋아서 입찰했어요. 뭐가 잘못되었나요?"

이 물건은 몇 달 후 잔금일에 대금을 입금하지 않아 경매 시장에 다시 나왔습니다. 이분은 비싼 수업료를 낸 셈입니다. 입찰 보증금으로 입찰 당일 최저매각가격의 10%에 해당하는 돈을 경매법원에 제출했기 때문입니다. 이렇게 낙찰받은 물건을 포기한 경우 보증금은 몰수됩니다. 어렵게 표현하면, 몰수된 입찰 보증금은 배당금에 삽입되고, 최종 매가 가격과 합산하여 채권자들에게 배당되며, 남은 것은 소유자에게 돌아갑니다.

뭐에 홀렸나 싶지만, 의외로 자주 하는 실수들

한편, 경매 투자자들이 자주 하는 의외의 실수들이 있습니다. 기일입찰표에 숫자 0을 잘못 기재하는 경우와 위임장에 첨부되는 인감증명서를 갖추지 않은 경우입니다.

가격입찰란은 몇 번이고 확인해야 합니다. 입찰 시 지인과 동행하여 검수를 부탁하는 것도 하나의 방법입니다. 입찰가격란아래 이미지 참고에 숫자를 잘못 기재하는 경우가 있는데, 긴장한 나머지 앞에서부터 기재해 나가서 그렇습니다. 숫자 0 하나를

더 써서 입찰 가격이 1억 단위에서 10억 단위로, 10억 단위에서 100억 단위로 바뀌면 어떻게 될까요? 말마따나 실수로 낙찰자가 되고 맙니다. 0이 하나 더 붙은 가격에 매수할 수는 없으니, 보증금을 몰수당하고 낙찰을 포기하는 수밖에요. 누가 그런 실수를 하겠느냐고요? 의외로 종종 이런 사건이 발생합니다. 절대 간과해서는 안 될 부분입니다.

또 한 가지, 초보자들이 가장 많이 하는 실수 중 대리로 입찰에 참여하는 경우에 첨부 서류, 즉 위임장에 인감증명서를 첨부하지 못하는 것입니다. 아예 인감증명서를 잊어버려 가지고 오지 않은 경우도 있지만, 그보다는 첨부하여 제출했으나 인감증명서의 도장 인영과 위임장에 날인한 도장의 인영이 달라서 사용할 수 없는 사례가 더 많습니다. 일상생활에서 인감도장을 사용할 일은 매우 드물기 때문에 이런 실수가 발생하는 것입니다. 이런 일을 방지하기 위해서는 첫 입찰 시 해당 경매법정을 방문하여 입찰에 필요한 서류를 받아 미리 작성해놓을 것을 추천합니다.

PLUS TIP 인감을 사용할 일이 있을 땐 미리 대조하여 확인하자

인감증명서상의 인영이 인감과 동일한지는 반드시 대조해서 확인해야 합니다. 예를 들어, 인감증명서의 인영과 모양이 비슷해서 인감인 줄 알고 가져갔는데, 대조해보니 크기가 약간 다르거나 문양이 약간 경우도 있습니다. 낭패를 보시 않으려면 미리 인감도장을 찍어 보고, 인감증명서상의 인영과 완전히 일치하는지 확인해야 합니다.

내 안에 투자자 아이덴티티를
만들어 나가라

4

경기상황이 안 좋은 쪽으로 가면서 집값이 조정을 받을 수 있다. 2007년, 2008년 상황과 데자뷔된다.

— 2018. 10. 31, 비즈니스 워치
안명숙 우리은행 부동산투자지원센터 부장의 말

현재 부동산 시장은 경기 상황과 맞물려 하강 국면입니다. 이로 인해 부동산 10년 주기설이 솔솔 흘러나오는 분위기입니다. 일각에서는 2007~2008년 글로벌 금융위기 직후와 유사한 흐름을 보인다고 합니다. 반대로 그때와는 분위기가 다르다는 의견도 많습니다.

여러 부동산 전문가들의 의견을 종합해보면 부동산 시장이 하향 국면인 것은 사실입니다. 그러나 이것이 반드시 나쁜 것만은 아닙니다.

시장이 하강할 때, 위기는 곧 기회가 될 수 있기 때문입니다.

투자자라면 경기 흐름을 항상 주시해야 합니다. 이것은 기본 중 기본입니다.

물론 이런 시기에 투자 물건을 선정할 때는 매우 주의해야 합니다. 경매 시장도 마찬가지여서, 경매로 물건을 구입^{낙찰}한다고 해서 반드시 시장 가격보다 싸게 사는 것은 아닙니다. 일반 시장에 나와 있는 물건과 경매 시장에 나와 있는 가격을 비교하여 분별해야 합니다.

분명한 것은 준비한 자만이 기회를 얻을 수 있다는 사실입니다. 준비를 잘하려면 권리분석과 현장 확인, 모의 입찰 등을 해봐야 합니다. 이런 준비를 통해 (예비) 투자자로 성장할 수 있습니다. 또한 자신의 투자자 아이덴티티를 형성하는 토대가 됩니다.

경매 투자 전 반드시 준비해야 할 3가지

❶ 시세 데이터 구축

입찰 물건을 선택할 때는 신중하게 결정해야 합니다. 처음 투자하는 경우라면 시장 조사를 더욱더 철저하게 하십시오. 앞서 언급했듯 시세^{임대차 포함} 데이터를 구축하는 것이 가장 중요합니다. 이런 정보는 현장 확인을 통하여 수집해야 합니다.

❷ 현장 확인

현장 확인은 운동화 굽이 닳을 정도로 열성적으로 해야 하는데, 가능하면 토요일에 나가는 것이 좋습니다. 일요일에는 대부분의 공인중개사 사무소가 문을 닫기 때문입니다. 또한 혼자보다는 둘이 함께 시세 조사를 해야 합니다. 물건을 보는 관점이 다르기 때문이지요.

물건을 보다 보면 급매 가격이 경매가보다 낮은 경우가 있는데 이 경우 특히 분별력을 요합니다. 경매 물건이라고 무조건 싼 것이 아닙니다. 오히려 급매보다 더 비싸게 매수하여, 복잡한 절차와 부대비용을 치르게 될 수도 있습니다. 이런 점은 발로 뛰어 확인해보아야 알 수 있는 것입니다. 현장을 강조하는 이유입니다.

❸ 모의 입찰

또한 첫 입찰 전에는 모의 입찰을 해봐야 합니다. 모의 입찰이란 법원 입찰과

PLUS TIP 경기의 흐름을 보면 부동산 시장이 보인다

경기가 안 좋은데 무슨 투자냐고 생각하기 쉽지만, 정반대입니다. 경기 침체 시 투자했다가 잘못되면 돌이킬 수 없을 것이라는 생각에 두려움을 가지는 사람이 많습니다만, 사실 금융위기나 IMF 시기에 부동산을 사들인 사람들은 대부분 투자에 성공했습니다.

우리는 경제와 실물자산인 부동산과의 관계를 이해해야 합니다. 현재 경제가 어렵다고 반드시 부동산이 같이 하락하는 것은 아닙니다. 오히려 부동산은 반대로 가격이 상승하는 현상이 일어납니다. 왜일까요?

물가가 올라가면 화폐 가치가 떨어지고, 인플레이션이 지속되면 현재의 금액으로 예전의 물건을 살 수 없기 때문입니다. 단편적인 예로 현재의 자장면과 과거 5년 전의 가격을 비교하면 이해될 것입니다. 현금 또는 금융상품으로 가지고 있을수록 마이너스되므로 금, 부동산 등 실물자산에 투자하는 것입니다. 다른 하나는 인플레이션으로 재료비, 노무비, 기타 경비 등이 상승하여 분양 가격이 오르면 이것이 요인이 되어 주변 부동산 가격이 상승하는 것입니다. (이와 관련해서는 물가가 상승하면 부동산 가격이 하락할 것이라는 주장도 있습니다.)

물가가 지속하여 상승하는 시점이라 하여 인플레이션 시대라고 단정하기 어렵습니다. 현재 상황을 보자면 물가 상승이 인플레이션을 초래하고 부동산 가격에 영향을 주는 요인으로 보이지만, 그 외에 특히 주목해야 할 부분이 있습니다. 정부에서 발표하는 부동산 대책(규제), 정책 변화와 금리 정책이 그것입니다. 이 부분이 부동산시장에 반영되는 파급력이 크므로 시장에 미치는 효과를 알고 대처하는 것이 중요합니다.

마찬가지로 물건 분석을 하고, 실제와 똑같이 기일입찰표를 작성하는 것으로
실전에서 실수를 줄일 수 있는 방법입니다. 또한 이를 통해 내가 결정한 입찰금액과
실제로 낙찰된 금액을 비교분석할 수 있습니다.

마지막으로 기대수익률을 정하길 권합니다. 어떤 투자든 본인만의 투자 공식이
있어야 합니다. 기대수익을 수립해놓고, 부동산도 주식처럼 손절매_{매도 및 매수 시점을 알고 적절히}
_{처분하는 것}를 잘해야 수익을 얻을 수 있습니다. 특히 부동산은 환금성이 떨어지는 것이
특징임을 이해하고, 유의해야 합니다.

경매 공부는 투자자 아이덴티티를 만들어나가는 과정

경매의 본질이 낙찰에 있다고 생각하면 오산입니다.

경매는 부동산을 공부하기 가장 좋은 수단입니다. 이 수단을 통해 물건을 보는
눈을 기르고 권리를 분석하는 안목을 키워야 합니다. 경매를 포함하여 모든 투자
방법은 '수단'에 불과하며, 그 '본질'은 가치 발견에 있음을 항상 기억해야 합니다.

부동산 투자에는 경매 외에도 다양한 방법이 있습니다. 어떠한 투자법이든 예외
없이 경매에서 공부한 내용이 필요합니다. 예를 들어, 요즘 유행하는 P2P 투자처럼
간접투자를 한다 해도 권리분석이 필요합니다. 근저당권에 대한 대출에 투자하는
상품_{근저당권 담보부 질권설정대출}도 있고, 시행 사업과 관련된 상품도 있습니다. 이러한 상품에서

권리를 해석하고 위험성을 파악할 수 있어야 합니다. 이러한 안목은 하루아침에 생기지 않습니다.

첫걸음은 부동산 관련 용어들을 외우는 데서 시작합니다. 어려워 보이지만, 사실 사용되는 단어는 정해져 있습니다. 이를 통해 기본적인 팩트만 체크할 줄 알면 됩니다. 그다음에는 등기사항전부증명서를 틈나는 대로 분석하십시오. 필자는 18년 동안 10만 통 이상의 등기사항전부증명서를 보았습니다. 그 기록은 지금도 갱신되는 중입니다.

등기사항전부증명서는 내 집이 아니라도 열람 비용만 내면 누구나 볼 수 있습니다. 관심 가는 곳의 집들을 열람하고, 건물의 대지지분 상황, 토지 별도등기 등 사항을 파악합니다. 열람 비용은 단돈 700원! 700원이면 생생한 교재를 얻을 수 있습니다.

이렇게 수없이 많은 등기사항전부증명서들을 보다 보면, 때로 위험성이 보이지만 투자할 가치 또한 보이는 물건을 만나게 됩니다. 위험성과 미래 가능성 중 어느 것을 선택할 것인가는 본인의 투자자 아이덴티티에 따라 달라집니다. 필자의 경우 위험성이 파악되고 그것을 헤지^{위험성 제거}할 만하다고 판단되면 투자합니다. 아는 만큼 보이고, 보이는 만큼 이용할 수 있습니다.

지금부터라도 공부를 시작하십시오.

나라면 이런 투자를 한다(1)
단독주택과 농지 투자

5

앞으로 5년, 10년 후를 본다면 단연 주목해야 할 것이 있습니다. 바로 서울의
단독주택입니다. 단독주택과 관련해서는 앞서 3교시에서도 설명했으니 간단히 짚고
넘어가겠습니다.

기존의 완전 철거식 재개발·재건축의 시대가 저물고 있습니다. 인구는 감소하는데
도심은 포화 상태로 노후화되고 있습니다. 이런 문제로 인해 앞으로 어떤 정부가
들어서든 부동산 트렌드는 도시 재생으로 흘러갈 것입니다. 정부뿐 아니라
지방자치단체들도 도시 재생 사업에 다양한 지원과 혜택을 주고 있습니다. 실제로
아파트값이 하락하는 와중에도, 전국의 단독주택 가격은 소리소문없이 꾸준히
상승하는 중입니다.

이제 주거 공간 하면 무조건 아파트 먼저 떠올리던 인식을 바꿔, 선택지를
단독주택으로 넓힐 필요가 있습니다. 잘 판단하여 투자한다면 거주와 투자의

일단 토지 투자와 관련하여 당부하고 싶은 것이 있습니다. 제대로 된 토지 전문가가 되지 않는 이상, 여러분이 앞으로 살아가는 동안 토지 투자는 절대 하지 말아야 합니다. 개발 이슈가 있다고요? 토지는 이슈가 있다 한들 매각 시기를 알 수 없습니다. 그러므로 은퇴자들은 더더욱 투자해서는 안 됩니다.

토지는 관련 법규를 잘 알고, 최종 소비자가 구매할 수 있는 상품으로 만들어서 매각해야 합니다. 그렇다면 최종 소비자end user가 요구하는 토지란 무엇일까요?

토지의 물리적 특성은 '희귀성'입니다. 즉, 한정판매 상품인 것입니다. 이 특성을 잘 생각해야 합니다. 부동산 가격이 높은 곳, 이를테면 강남 지역은 한정되어 있습니다. 강남 땅은 한정판인 것입니다. 강남에 비용을 투자한다 해도 물리적으로 양을 늘릴 수가 없습니다. 이것이 토지의 또 다른 특성인 부증성, 즉 면적을 증가시킬 수 없다는 특징입니다. 부증성으로 인해 특정 지역의 토지, 즉 주요 도심의 토지는 시간이 흐를수록 희소성이 가중되고 있습니다. 이는 토지가 아닌 부동산 가격만 봐도 알 수 있습니다. 중심 상권의 가격은 높고 외곽 지역 가격은 낮습니다. 중심 상권의 가격이 높은 이유는 무엇일까요? 수요는 많은데 공급할 부동산은 한정되어 있기 때문입니다. 왜 수요가 많을까요? 주간 활동 인구가 밀집하기 때문입니다. 즉, 최종 소비자가 몰리기 때문에 그 지역의 부동산 수요 또한 올라가는 것입니다.

일반인들이 토지에 투자하면 실패할 확률이 매우 높습니다. 위와 같은 토지의 특성을 파악하기도 어려울뿐더러, 토지를 제한하고 있는 여러 법률관계를 확인하고 시장 가격이 적정한지도 판단해야 하는데 이런 점들이 체크가 되지 않습니다. 수익성 분석을 하는 기준을 모르기 때문입니다. 그럼에도 토지 투자를 하려 한다면, 관련해서 반드시 전문가의 의견을 미리 구하기를 권합니다. 참고로 토지는 나대지건물이 없는 토지 상태에서 매각하는 것이 가장 좋습니다만, 상황에 따라 세법상 비사용 토지로 판단될 수 있으므로 주의해야 합니다.

두 마리 토끼를 모두 잡을 방편이 될 것입니다.

단독주택은 아파트와 달리 가격 환산이 어렵습니다. 그러나 아예 방법이 없는 것은 아닙니다. 단독주택의 가치는 기존 주택 철거 후 신축할 수 있는 건축 규모에 따라 달라집니다. 그러므로 기존 주택의 가치를 따지기보다는 미래 가치에 비중을 두고 의사 결정을 해야 합니다.

단독주택의 거래가는 2016년부터 매년 상승했습니다. 특히 서울 시내의 단독주택은 토지의 '희소성'이라는 특성이 시간이 흐를수록 강해지므로_{210페이지 참고} 투자 가치가 높습니다.

미래를 위한 노후대책, 농지 투자

또 한 가지 추천하는 것은 농지 투자입니다. 농지는 지금 당장, 또는 근시일 내에 수익을 볼 수 있는 투자는 아닙니다. 훗날 연금 혜택을 받을 수 있으므로, 노후대책용으로 길게 보고 준비하는 투자입니다.

주택연금_{주택역모기지론}은 많이 알아도, 농지연금_{농지역모기지론}에 대해서는 잘 모르는 경우가 많습니다. 이 농지연금에는 여러 조건이 붙습니다.

일단 농지법상 농지는 실제 농사를 목적으로 하는 사람만 소유할 수 있습니다. 농지연금도 만 65세 이상, 영농 기간이 5년 이상이어야 합니다. 소유한 농지는 농지법상의 농지논, 밭, 과수원 등여야 하며 이외에도 주택연금과 같이 기타 요구되는 조건들이 있습니다.

이런 조건에도 불구하고 농지 투자를 미리 권하는 이유는 무엇일까요?

농지는 대개 경매 시장에서 낙찰가율 50% 미만으로 낙찰되고 있습니다. 지역별로 다름. 실제 낙찰된 사례를 보시지요. 경기도 양주시의 7,005㎡ 2119.01평짜리 농지입니다.

- **감정평가액 : 971,427,000원**

- **낙찰액 : 402,044,000원**

낙찰은 402,044,000원에 받았는데 공시지가는 754,658,200원입니다. 농지연금 평가기준액은 〈부동산 가격 공시에 관한 법률〉에 따른 개별 공시지가의 100% 또는 〈감정평가 및 감정평가사에 관한 법률〉에 따른 감정평가 가격의 90% 중 가입자가 선택할 수 있습니다. 매수는 402,044,000원에 했는데 공시 가격을 선택 시 평가 금액은 754,658,200원으로 산정되어 연금을 신청할 수 있습니다. 따라서 농지연금 사이트www.fbo.or.kr에서 예상 연금을 조회하면 대략 다음과 같은 결과를 얻을 수 있습니다. ※가정은 신청자격을 충족하며, 1954.1월 1일생 배우자 승계 조건으로 함.

- **종신정액형**(사망시까지 매월 일정한 금액을 지급하는 유형) : **월 2,893,270원**

- **전후후박형**(가입초기에는 정액형보다 더 많이 후기에는 더 적게 받는 유형) : **월 3,000,000원(전)**

  월 2,800,460원(후)

● **일시인출형**(총지급가능액의 30%이내에서 수시로 인출할 수 있는 유형) : **월 2,037,680원**

일시인출금 1억 9천 7백만 원

농지의 공시 가격은 토지의 위치와 사용·용도 등을 기준으로 해마다 지방자치단체에서 공시합니다. 지방세의 기준이 되므로 공시 가격이 떨어지는 경우는 드뭅니다.

농지는 어디까지나 노후대책을 위한 투자입니다. 또한 농지연금에 가입하기 위한 조건을 모두 충족시켜야 합니다. 농지는 취득 시 주의 사항이 많은데, 농지취득자격증명원을 미리 발급받아야 하며 농지 취득 후에는 직접 농사를 지어야 합니다. 이런 점들을 염두에 두고 긴 안목으로 판단하는 것이 좋겠습니다.

나라면 이런 투자를 한다(2)
세대 분리가 되는 중대형 아파트

6

현 정부는 다주택자를 강력하게 규제하고 있습니다. 1주택 이상 소유자가 임대하던 주택을 팔면 기본 양도세율에 10~20%포인트의 가산세율이 적용됩니다. 1주택자라 해도 실거주 2년이라는 조건을 채우지 못하면 장기보유특별공제의 혜택을 받을 수 없습니다. 이 같은 규제의 목적은 투자 목적의 주택 보유 수를 줄이는 데 있습니다. 양도소득세와 보유세종합부동산세를 줄이려면 가지고 있는 일단 주택의 수를 줄이라는 것입니다.

　제가 주변 사람들에게 누누이 말하는 것이 있습니다. 정부의 정책에 반할 필요가 없다는 것입니다. 정책 안에서 기회를 발견하면 됩니다. 그렇다면 위와 같은 다주택자 규제의 흐름 속에서는 어떤 기회를 발견할 수 있을까요? 1주택이면서도 임대 수익을 낼 수 있는 모델, 즉 세대 분리형 아파트가 대안이 될 수 있습니다.

　지난 10년 넘게 중대형 아파트는 찬밥 신세였습니다. 네 집 중 한 집이 1인 가구인

시대, 소형 아파트로 수요가 몰림에 따라 소형 아파트의 가격은 치솟았지요. 4~6인 가구에 적합한 중대형 아파트의 투자 전망은 좋지 않습니다. 그러나 다주택자 규제가 강화됨에 따라 세대 분리형 아파트가 인기를 끌고 있습니다. 출입문과 주방, 화장실, 거실 등이 따로 있어서 그야말로 한 지붕 두 가구 생활이 가능한 것이 세대 분리형 아파트입니다. 서울역 센트럴자이, 흑석 한강센트레빌 2차, 용두 롯데캐슬리치, 상봉 듀오트리스, e편한세상 신금호 파크힐스 등이 세대 분리형이 존재하는 단지입니다. 모두 대단지 아파트이지만 세대 분리형은 단지별로 20~40세대밖에 존재하지 않습니다. 공급량이 많지 않은 것입니다. 이런 희소성 때문에 높은 가격을 유지하고 있습니다.

세대 분리형 아파트가 경매에 나오면 일단 입찰하고 볼 일입니다. 낙찰을 못 받아도 입찰에는 참여해야 합니다. 현재까지는 공급량이 수요를 못 따라오고 있는 추세이기 때문입니다.

기존 아파트는 세대 분리를 할 수 없을까?

위에서 예로 든 곳들은 분양 당시부터 세대 분리형으로 지어진 집들입니다. 그렇다면 기존의 중대형 아파트를 개조하여 세대 분리를 할 수는 없을까요?

세대 분리가 가능한 아파트가 있고, 불가능한 아파트가 있습니다. 예를 들어 출입구를 분리할 수 없거나 별도로 화장실이나 주방 설치가 안 되는 경우라면 세대 분리가 불가능합니다. 세대 분할 공사가 가능한지는 건축사 사무소를 통해 확인할 수 있습니다. 공사가 가능한지 외에 수익성이 있는지도 따져봐야 할 것입니다.

2017년 12월, 정부는 기존 공동주택의 세대 구분 설치에 대한 가이드라인을 수립하고 이를 각 지방자치단체에 배포했습니다. 내용의 큰 틀은 세대 분리형 주택 규제를 완화한 것입니다. 가이드라인을 만들었다는 것은, 다시 말해 1인 가구의 소형 임대주택 수요가 증가함에 따라 이를 활성화하겠다는 것입니다. 기존 아파트 리모델링 시 가장 중요한 것은 입주민 동의율로, 해당 동의 3분의 2 이상 동의를 받아야만 관청에서 허가를 받을 수 있습니다.

부모님이 중대형 아파트를 보유하고 있고, 자녀가 모두 출가한 상황이라면 세대 분리를 고려해 보십시오.

한편 1~2인 가구라면 소형 아파트에서 눈을 돌려, 실거주하면서 임대 수익도 노리는 투자 전략을 세울 수 있습니다. 이를 위해서는 경매 시장의 40평형 중반대 아파트를 공략해야 합니다. 30평대는 입찰 경쟁이 심해 메리트가 없고, 50평을 넘어가지 않는 것이 유리합니다. 공실위험 등 기타 여러 상황이 발생될 수 있기 때문입니다. 40평형대 세대 분리가 가능한 아파트를 찾아 낙찰받아야 합니다. 단, 입찰 전에는 세대 분리가 가능한지 건축사 사무소를 통해 미리 확인해야겠습니다.

이렇게 40평대 아파트를 낙찰받아 세대 분리를 한다면 분명 희소성 높은 상품이 될 것입니다.

남들과 똑같은 사고로는 부동산 투자로 성공할 수 없습니다. 내가 보기에 좋은 것,

가지고 싶은 것은 남들 눈에도 똑같이 좋아 보입니다. 남들이 쫓는 물건을 나도 따라 쫓아가서는 안 됩니다. 남들이 쫓지 않는 물건이되, 대중이 추구하는 가치와 트렌드를 구현해내는 데서 경쟁력이 생깁니다. 그 방법을 찾기 위해서는 부단한 관심과 연구가 필요합니다.

나라면 이런 투자를 한다(3)
콘텐츠로 차별화되는 공유 공간

7

트렌드와 일시적인 유행의 차이는 뭘까요? 일시적인 유행은 짧은 기간에 소멸하는 것으로 일정 기간이 지나면 사라집니다. 반면 트렌드는 흐름 그 자체로, 트렌드가 흘러가는 방향을 파악하면 앞으로 시장이 어떻게 전개될지 전망할 수 있습니다.

세계 경제에서 가장 핫한 트렌드를 꼽자면 공유경제를 들 수 있습니다. 우버, 리프트 같은 차량 공유 회사가 세계적인 기업으로 성장한 지 한참 되었지요. 숙박 공유 회사인 에어비앤비를 모르는 분은 거의 없을 겁니다. 공유경제가 트렌드란 사실은 우리나라도 마찬가지입니다.

경제 성장이 정체되고 부익부 빈익빈의 양극화가 뚜렷해지면서 청년 세대는 격차를 실감하고 있습니다. 서울권에 있는 집들은 언감생심, 특히 강남·송파·서초 등의 집값은 현 청년 세대의 경제력으로는 꿈도 못 꿀 지경입니다.

여기에 더해 1~2인 가구가 증가하다 보니 과거처럼 가족을 부양하는 데서 삶의 의미를 찾지 않게 되었습니다. 그보다는 소소하지만 지금 확실하게 느낄 수 있는 행복, 이른바 소확행을 추구하는 경향이 뚜렷합니다.

비싼 차나 집을 소유하기 위해 아등바등 살지 않아도 됩니다. 저렴한 비용으로 원하는 기간 동안 대여하면 소유하지 않고도 사용할 수 있으니까요. 사용하는 동안은 확실한 즐거움을 누릴 수 있습니다. 아니, 그 순간의 체험에서 오는 행복은 지불한 가치 그 이상입니다. 이것이 바로 공유경제가 대세인 이유입니다.

재산 가치에서 사용 가치로, 핵심은 콘텐츠다

공간 또한 마찬가지여서 반드시 소유해야 한다는 개념이 희박해졌습니다. 누리고 싶은 공간은 이제 빌려서 사용할 수 있습니다. 친구들에게 직접 만든 음식을 대접하려면, 과거에는 자췻집부터 구하는 것이 순서였지만 지금은 근사하게 세팅된 부엌을 대여하면 됩니다. 요즘 큰 인기를 끌고 있는 공유 부엌, 파티룸, 공유 카페 등 일정한 목적으로 공간을 꾸미고 이를 빌려주는 것을 공유 공간대여 사업이라고 합니다.

공유 공간 사업에는 여러 종류가 있습니다. 가장 흔한 것은 역시 소호 사무실과 파티룸, 회의실, 세미나실, 각종 연습실 등입니다. 스페이스 클라우드, 끼리 등 공유 공간 플랫폼 또한 성입 중입니다. 2016년 4월 론칭한 스페이스 클라우드는 가입 회원

50만, 누적 거래액 130억을 돌파했습니다. 2018년 12월 기준. 공유 공간 트렌드는 빠르게 확대되어 비즈니스의 한 모델로 자리 잡아가는 추세입니다.

잘 나가는 공유 공간들을 보면 몇 가지 공통점을 발견할 수 있습니다. 첫째, 소상공인들이 대부분이라는 것입니다. 둘째, 공간의 콘셉트가 독특하고 사용 목적이 분명하다는 것입니다. 여기에 더해 낡은 주택이나 상가 등을 개조하여 개성 넘치는 공간을 만든 사례도 많습니다.

일례로, '로컬 스티치'는 크리에이터들의 코워킹co-working & 코리빙co-living 공간을 제공합니다. 많은 1인 또는 소규모 집단의 크리에이터들이 동네에 자신의 거주지와 가까운 곳에 작업실을 얻어 활동합니다. 이들에게는 로컬이 주요한 활동 무대이자 영감을 얻고 나누는 배경입니다. 로컬 + 도시재생 + 예술이란 트렌드를 파악하고 프리랜서 예술가들이 주로 거주하는 서교동의 오래된 주택을 리모델링한 데서부터 출발해 현재는 8개 지점을 운영하고 있습니다.

'연희정원'은 주택을 개조한 촬영 스튜디오인 동시에 스몰 웨딩 장소로 공간을 대여합니다.

'행화탕'은 60년 된 목욕탕을 그 모습 그대로 용도만 바꾸어 복합문화공간으로 탈바꿈했습니다. 기존의 탈의실은 카페로, 군데군데 깨어진 탕은 전시 및 공연 공간으로 인기를 끕니다.

'청춘여가연구소'는 1인 가구를 '월세 유목민'이라 칭하고, 이들에게 안정감과 연결성을 느낄 수 있는 공유 거실·공유 부엌을 제공합니다.

이런 공유 공간들을 보면 부동산 개발의 패러다임이 바뀌고 있음을 실감합니다.

그것은 바로 자금력에서 기획력으로 성공의 요건이 바뀌어 가고 있다는 것입니다. 이제는 공간에 콘텐츠를 입혀야 합니다. 그 공간을 사용하기 위해 기꺼이 비용을 지불할 만한 가치를 만들어야 합니다. 다시 말해 소비할 만한 콘텐츠가 있는 공간, 사용 가치가 있는 공간이어야 사용자들을 불러모을 수 있습니다.

공유 공간 사업은 신선한 기획력을 갖추고, 최근 트렌드를 이해하는 청년 세대가 뛰어들기에 적합한 부동산 사업입니다. 물론 자본금이 필요하지만 다른 부동산 사업에 비하면 큰 액수는 아닙니다. 오히려 잘 찾아보면 도심 곳곳 죽어있는 공간, 사용하지 않고 버려진 공간이 매우 많습니다. 자신만의 차별화된 콘텐츠를 입힘으로써 이런 공간을 완전히 탈바꿈시킬 수 있습니다.

가치는 콘텐츠에서 나오고, 콘텐츠는 트렌드에서 나옵니다.

앞서 토지 투자를 이야기하면서 최종 소비자end user가 구매할 만한 상품으로 만들어야 한다는 이야기를 했습니다. 공유 공간의 개발 목적도 결국 최종 소비자의 수요에 있습니다. 어려운 이야기가 아닙니다. 공유경제를 가장 많이 사용하는 최종 소비자가 누구일까요? 2034 청년 세대입니다. 이 책을 읽고 있는 독자 여러분이 수요층을 가장 잘 이해하고, 소비자의 정서와 욕구에 부합하는 콘텐츠를 개발하기 가장 적합한 사람들입니다.

단, 공유 공간 사업 역시 부동산 사업이라는 점은 기억할 필요가 있습니다. 앞서 3교시에서 말했듯 사업계획을 수립해야 합니다. 공유 공간을 기획 중이라면 무턱대고 아이디어만 가지고 뛰어들 것이 아니라 제대로 사업계획서를 작성해보세요. 사업계획 시에는 원칙이 있어야 하며, 여기에 이어 가치를 어떻게 부여할 것인가에 대한 구체적인 방안이 있어야 합니다.

끌리는 공간을 완성하는 1% 특별함, 나 자신에게 답이 있다

특별한 콘텐츠를 찾으려면 본인에게 가장 자신 있는 부분, 자신이 가장 좋아하고 관심이 있으며 잘하는 일을 찾는 것부터 시작하십시오. 남들과 비교해 경쟁력 있는 콘텐츠를 찾아야 합니다.

당신과 같은 취향을 가진 사람들에게, 그들이 상상해보지 못한 공간 경험을 제공하는 것.

이것이 바로 앞으로 필요할 부동산 기획력입니다. 부동산 사업을 염두에 두고 있다면, 버려진 공간을 특별한 콘텐츠로 채우는 공유 공간 사업 또한 좋은 선택지가 될 것입니다.

언젠가 건축주가 되길 원한다면 지금부터 기획력을 갖춰라!

8

평범한 직장인이라면 누구나 불확실한 미래에 대한 불안감을 가지고 있을 것입니다. 그렇다 보니 급여 이외의 수익을 창출하기 위해 주식, 가상화폐, 유튜브 채널 운영, 부동산 임대업 등에 눈을 돌리곤 합니다. 그중에서도 특히 든든한 수입원을 가지는 임대인, 나아가 건물주를 꿈꾸지 않는 사람이 있을까요? '신 위에 건물주'라는 말이 유행하며, 초등학생들의 꿈이 건물주인 시대입니다.

하지만 정작 건물주가 된다 해도, 성공적으로 운영하는 사람은 극히 일부에 불과합니다. 공실, 노후화, 민원 등 다양한 현실적 문제와 맞닥뜨리게 되는데다 막연하게 상상하던 것과는 달리 직장을 다니며 운영하기가 만만치 않기 때문입니다.

'성공'이란 단어를 성취하려면 그에 앞서 A부터 Z까지, 철저한 준비가 필요합니다.

내 가족이 직접 거주할 집 한 채를 지어도 건축주이며, 작은 상가 하나를 가져도 건물주입니다. 언젠가 자신의 건물을 가질 꿈을 가지고 있다면, 그 꿈을 실현하기 위해 지금부터 준비해야 할 것은 기획력입니다.

군이 기획 관련 업무를 하지 않더라도, 일상생활에서 우리는 기획이라는 단어를
접할 일이 많습니다. 일례로, 매일 사용하는 카카오톡은 '무료문자 서비스'라는
기획에서 출발했습니다. '스타벅스' 하면 무엇이 떠오르나요? 커피입니다. 그런데
스타벅스가 브랜드의 얼굴이라 할 간판에서 'COFFEE'란 글자를 지우고 있습니다.
전국 1,300여 개 매장 중 이미 350곳이 이렇게 교체했다는 기사가 나왔습니다.
스타벅스 코리아는 왜 이런 기획을 했을까요? 대중의 기억에 이미 '아메리카노' 하면
'스타벅스'라는 공식이 강하게 자리 잡고 있기에 나오는 자신감이라 할 것입니다.

이 시대의 트렌드는 공유경제입니다. 스타벅스 경영진도 시대의 흐름에 맞게
매장을 커피 파는 곳이 아닌 복합문화공간으로 탈바꿈하고 있는 것입니다.
소비자들은 스타벅스 매장 안 공간에서 간단한 식사를 할 수 있고, 커피 등과
관련된 상품을 구매할 수도 있으며, 사무공간으로도 활용합니다. 또 연인들에게는
놀이공간으로 이용되지요. 시즌별 계절 메뉴를 개발하는 등 스타벅스만의
기획력으로 브랜드의 가치를 높이고 있습니다.

언젠가 건축주, 건물주를 꿈꾸고 있다면 지금부터 어떤 공간을 연출할 것인가를
고민해 봐야 할 것입니다. 기획을 어렵게 생각하지 않았으면 합니다. 부동산이 위치한
지점에 가장 잘 맞는 옷을 입히는 것이 바로 기획입니다. 그러기 위해서는 어울리는
옷의 색깔을 찾아내야 합니다. 추상적인 표현이라 생각될지 모릅니다. 그러나 대부분
나대지_{나대지는 건물이 없는 대지}에 건축하는 경우는 드물고, 노후된 건축물_{주택, 상가}을 매입 후
리모델링 또는 신축하므로 반드시 생각해야 할 점입니다.

기획의 시작은 리모델링메이크업할 것이냐, 신축할 것이냐에 대한 검토입니다. 두 가지 기획안을 고민할 때 가장 고려해야 할 사항은 건축물 용도입니다. 활용·용도에 따라 기획 의도, 방향, 사업성 검토를 해야 합니다. 합법적이며, 가장 합리적으로 활용하면서 경제적 가치를 극대화할 수 있는 모델을 찾아야 합니다. 쉽게 풀이하면 가장 '가성비' 좋은 방안을 찾아야 하는 것입니다. 이와 관련된 이론을 부동산 타당성 분석과 최유효이용론이라 합니다.

그런 후에는 부동산이 위치하고 있는 지역 분석 및 개별 분석에 본인만의 콘텐츠를 결합하여 기획서를 작성해보는 것이 중요합니다. 본인만의 기획 의도가 특히 중요한데, 건축사의 검토가 더해져 성공적인 기획안이 나오기 때문입니다.

필자는 최초 매입 시부터 필자의 기획 의도를 반영하기 위해 여러 협력사 건축사무소와 치열하게 논쟁을 벌입니다. 건축사무소에서는 이 과정을 통하여 건축주가 표현하고 싶은 내용을 기획 설계에 반영합니다. 기획 설계 단계가 가장 중요한데, 이 과정을 통하여 활용 가치 및 경제적 가치가 극대화되는 설계안을 검토할 수 있습니다.

기획 설계가 중요한 또 다른 이유는 토지의 가치를 분석할 수 있기 때문입니다. 즉, 미래 가치가 얼마나 될지 기획 설계를 통하여 확인할 수 있습니다.

사업 방식리모델링이나신축이나에 따라 관련 법의 제한을 받기 때문에 현시점의 관점으로 판단하는 것이 아니라, 미래 가치에 대한 관점에서 판단해야 합니다. 반드시 기획 설계를 통하여 토지에 대한 가치 판단을 하기 바랍니다.

공간 기획력을 높이기 위해 20대부터 관심을 가져야 할 것들

20대부터 우리는 각자 쉼을 위하여 여행을 다니고, 그곳에서 주는 편안함을 느끼고, 재충전하여 일상으로 돌아옵니다. 여행을 준비할 때 여러분은 대개 무엇을 하나요? 우선 계획적으로 놀고, 먹고, 즐기기 위해 정보를 찾습니다. 그리고 여행지에 도착하면 미리 알아본 특색 있는 곳을 먼저 찾기 마련이지요.

이유는 궁금하기 때문입니다. 인터넷으로 본 멋진 공간을 실제로 보고 그 특별함을 체험하기 위해서이지요. 그리고 그런 곳에는 으레 맛있는 먹거리가 존재합니다.

이처럼 요즘 대중들이 관심을 가지는 것은 시각적으로 느껴지는 특별함과 먹거리입니다. 그리고 그것은 모두 부동산이라는 공간 안에 존재합니다. 여행지에서 기억사진에 남기고픈 장소에 갔다면 그 공간이 주는 특별함을 고민해보는 습관을 길렀으면 합니다. '보기 좋은 떡은 먹기도 좋다'라는 속이 있는데, 부동산도 마찬가지입니다. 외간과 내부의 공간 구조를 만들고 가장 적합한 용도를 찾는 것입니다.

어느 곳을 가던 '이 공간은 이렇게 디자인하면 어떨까?' 또는 '이 공간을 만든 이유가 무엇일까?'를 생각해보는 것이 기획의 시작입니다.

여행에서 주는 편안함과 그곳에서 받은 느낌을 글과 사진 등 기록으로 남기고 정리해두면 차후에 정보로 활용할 수 있습니다. 지역마다의 특별함을 내가 사는 곳에 접목하여 표현해내는 과정이 필요합니다. 순간순간 생각 나는 것을 기록·정리하고, 기본적으로 사용되는 용어를 익혀야 합니다. 이것이 훗날 멋진 자신만의 건물을 만드는 데 큰 재산이 될 것입니다.

부동산 투자의 핵심, 발상의 전환에 있다

9

부동산은 상품입니다. 상품 기획이 잘되어야 제대로 된 가치가 매겨지고, 그에 걸맞은 가격이 형성됩니다. 부동산이라는 한정된 재화를 개발하는 데 있어 앞으로 상품 기획력의 중요성은 점점 더 증대될 것입니다.

부동산 업계에서 일한 지 18년, 자가건축 9년째인 필자는 수익형 부동산을 개발하는 청년 사업가입니다. 앞서 단독주택, 죽은 공간, 버려진 땅 등에 주목할 것을 당부했습니다. 그리고 공간에 콘텐츠를 입히는 것이 곧 경쟁력이 될 것이라 말했습니다. 이번 장에서는 이와 관련하여 필자가 진행했던 사례를 소개하겠습니다.

마천루 가득한 강남 한복판에 꼬마빌딩을 짓다, 역삼동 34'Corner

기획 의도　현 시장에 알맞은 공간 기획 및 설계, 금융 노하우 등으로 안정적인

누구나 건축주가 될 수 있다?!

최근 건축주를 위한 여러 강좌가 개설되어 활발히 운영 중입니다. 강의 홍보 영상과 웹사이트 등만 보았을 때 과연 건축의 전 공정에 참여한 강사인지 의문이 들었으나, 실제 만나보고 판단하자는 생각에 강의에 참석한 적이 있습니다. 그러나 실망스럽게도, 말 그대로 지극히 투자자의 시각에서만 이뤄진 강의였습니다. 건축 전 과정의 내용을 단시간에 풀어내기는 어렵습니다. 하지만 공정마다 중요한 포인트가 있습니다. 이런 내용보다는 수익률에 관한 내용이 주를 이루었습니다. 얼마를 투자해서 몇 퍼센트의 수익이 남았다는 등의 이야기는 누구나 할 수 있는 것입니다.

그들은 시공과 관련된 부분을 알고 있을까요? 실제적으로 기획 + 금융 + 시공 + 임대 + 매각 + 세금까지 진행한 건축주가 과연 몇 명이 될까요? 현장에서 여러 시공자들과 치열히 논의하여 의사 결정을 하고, 예측할 수 없는 하자의 변수까지 고려하고, 마감해본 건축주는 또 몇 명이나 될까요? 이런 경험이 없다면 건축이 아니라 투자에 대한 이야기만 해야 맞는 것 아닐까요? 그리고 그것이 강좌를 듣는 분들에 대한 예의가 아닐까 합니다.

적은 돈으로 수익형 부동산의 건물주가 되기를 바라는 직장인들의 로망입니다. 거주하면서 수익까지 발생하면 1석 2조에, 대한민국에 든든한 내 땅이 있다며 얼마나 행복한 일일까요. 이런 평범한 직장인들의 니즈를 이용한 강의가 늘어나는 것은 이해합니다. 그러나 로망을 현실로 치환시켜주지 못하고 환상만 부풀리는 것은 곤란합니다. 건축주나 건물주는 누구나 될 수 있으나, 기왕이면 튼튼하고 건강한 건물의 주인이 되어야 하지 않을까요? 건축주가 되면 10년은 늙는다는 말이 있는데 속앓이를 그만큼 한다는 뜻입니다. 강좌를 듣는 분들 또한 몇 번의 강의 경험으로 섣부르게 덤비기보다는 철저한 준비과정을 통해 도전하겠다는 자세가 필요합니다. 지금은 아무리 설명해도 체감되지 않겠지만 말입니다.

거주와 수익을 동시에 보장하는 꼬마빌딩의 대표적인 모델.
단독주택과 근린생활 시설을 결합한 수익형 브랜드.

필자는 얼마 전 서울 관악구 행운동 소재 대지면적 125㎡의 대지에 반지층 1층~지상 4층 옥탑층 포함으로 이뤄진 건물을 지었습니다. 매수인이 실거주와 임대소득을 동시에 누릴 수 있도록 기획하여 자가 건축한 후 성공적으로 매각을 완료했지요.

그리고 이 프로젝트가 완성될 즈음부터, 다음 건물을 기획할 만한 곳을 찾으러 여러 지역을 물색하던 중 눈에 띄는 곳을 찾았습니다. 지하철역에서 도보 6~7분 거리에 위치한 사거리 인근으로, 코너에 위치한 대지였습니다.

이 지역은 제2종 근린생활 시설과 단독주택, 상업 및 업무 시설, 아파트 단지, 일부 공공시설 등이 어우러져 있었습니다. 차량 출입이 용이하며, 인근에 시내 노선버스와 광역 버스 정류장 및 지하철역이 인접해 있어 교통 여건 또한 최적이었습니다. 제반 환경은 더할 나위 없는 조건이었습니다.

기본적인 기획 설계 이후, 매도인과 몇 번의 줄다리기를 한 끝에 매매 계약을 채결했습니다. 줄다리기라 함은, 현 단독주택의 매매 가격에서 매도인과 매수인의 입장 차이 때문입니다.

이곳의 대지면적은 불과 118㎡ 35평 정도로, 대지에 딱 맞는 기획이 관건이었습니다. 협소한 대지면적과 지리적 위치, 접근성 등을 고려하여 이곳에 맞는 기획을 구상했습니다.

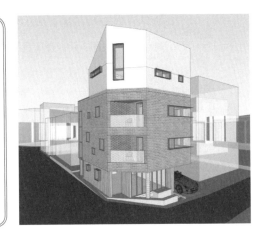

철거 후 신축

사업명	34'Corner
면적	대지 118.5㎡
	연면적 266.9㎡
용도	지하 1~지상 3층
	근린생활 시설,
	4층 주거용 시설

수익형 부동산의 가장 큰 고민은 안전한 수익률입니다. 특정 수요에 의한 거품이 있는 수익률이 아닌, 주간 활동 인구에 의한 안전하고 큰 변동 없는 평이한 수익률을 말합니다.

서울시 강남구 지역에는 대형 학원을 비롯한 메이저급 학원들이 즐비합니다. 오피스는 이루 말할 수 없이 많고요. 그래서 근린생활 시설 중 고시원이 가장 접합해 보였습니다. '기존 고시원의 이미지를 뒤집어서 고품격 고시원으로 만들면 어떨까?' 이것이 애초의 기획 의도였습니다.

또 하나의 방안은 업무 시설_{사무실+주거용 시설} 형태로 만드는 것이었습니다. 앞서 말씀드렸듯이 이 지역은 수많은 오피스와 대규모 입시 학원이 위치하고 있어, 임대 수요가 풍부할 것으로 판단됐습니다.

이곳은 대지 주위에 최근 신축된 소규모 사무실이 없습니다. 그래서 어떤 상품이 적합한지 고민에 고민을 거듭했고 최종적으로 근린생활 시설사무실 및 주거용 시설로 구성하기로 했습니다.

부동산은 사업지의 현재 상황을 기반으로 판단하되 단기적인 면만 보아서는 안 됩니다. 장기적인 가치를 생각하여 임대 수요를 예측하고, 안정적으로 운영하는 방안을 최우선적으로 고려하여 판단한 결과였습니다.

이후 기획 설계를 바탕으로 본 설계를 진행했습니다.

예상 공사 기간은 4~5개월이었습니다.

건축설계를 진행하면 용적률과 건폐율, 그리고 각종 법규를 반드시 점검해야 합니다.

이곳은 2종 일반주거지역으로 건폐율 60%, 용적률 200%까지 건축이 가능한 지역입니다. 그러나 일조권 문제로 200% 용적률을 모두 채우기는 어려웠습니다.

지하 1층부터 지상 3층까지는 근린생활 시설상가, 사무실로, 지상 4층은 다락 층을 포함하여 복층 구조의 주거용 시설로 만들기로 했습니다.

지하는 지상과 분리되는 커다란 입구동선를 따로 만들어 채광은 살리고 지하라는 느낌은 덜어내도록 했습니다. 이를 건축용어로는 '썬큰 구조 및 드라이 에어리어dry area 구조'라고 합니다.

1층은 상가 면적을 최대한 확보할 수 있는 주차 방안을 찾는 것이 관건이었습니다.

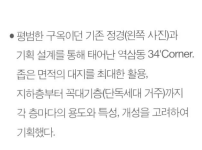

● 평범한 구옥이던 기존 정경(왼쪽 사진)과
  기획 설계를 통해 태어난 역삼동 34'Corner.
  좁은 면적의 대지를 최대한 활용,
  지하층부터 꼭대기층(단독세대 거주)까지
  각 층마다의 용도와 특성, 개성을 고려하여
  기획했다.

건축사무소와 여러 대안을 검토한 끝에 최선의 안을 찾았습니다. 4층은 단독세대로
주인 혹은 세입자가 주거용으로 사용할 공간입니다. 4층 주택은 조금이라도 넓은
주거 면적을 확보하기 위해 다락을 더했습니다.

한편, 외부에서 보이는 건물의 모양과 느낌 또한 중요합니다. 3면이 도로와 인접하고
있어 각 층마다 특색 있는 뷰를 만들고, 테라스를 만들었습니다. 특히 4층에는 넓은
테라스를 만들었는데, 보는 사람마다 강남 한복판에서 이처럼 넓은 테라스 공간을
제공하는 건물은 못 봤다며 감탄할 정도였습니다. 또 외부 자재는 층마다의 용도별

특성을 고려하여 지하-지상-꼭대기의 상중하 3가지 재료로 구성해 독특한 느낌을 더했습니다.

부동산 공유경제의 트렌드를 품은 꼬마 빌딩, 다산동 24'Corner

컨셉 서울 중심부에 존재하는 나만의 작은 공간, 큐브!

기획 의도 합리적인 주거비와 쾌적한 주거 환경의 밸런스를 찾아라!

주 수요층인 청년층의 열악한 주거 환경 개선, 매수인의 안정적인 수익률 확보!

설계 의도 사업부지의 특성을 이용하여 특화된 설계. 경사진 대지라는 단점을 장점으로 바꾸다. 채광을 최대화하고 바람이 잘 통하도록 만든 수익형 브랜드.

이곳은 서울시 중심부에 위치하여 2~6호선 환승이 용이한 곳으로 동대문 상권 및 중구 업무 시설의 직장인 수요가 많습니다. 또한 여의도, 마포, 강남, 성수 등 서울 전역을 비슷한 시간이 이용 가능하다는 장점도 있었습니다. 도보 2분이면 지하철역으로부터 200m 진입이 가능했고, 근처 대학 및 도심 접근성이 우수하다는 점에서 신혼부부와 대학생, 직장인 등 수요는 충분할 것이었습니다. 중장기적으로 봤을 때 매수 또는 임차 수요가 풍부할 것으로 판단했습니다.

지하철역 도보 2분 거리, 현장을 보는 순간 "바로 이거다!"라고 생각했습니다. 경사진 땅에 위치에 있는데 대지의 높이 차이로 인해 뒤쪽에서 보면 지하층이 앞쪽에서는 1층으로 보이는 건물이었습니다. 보통 경사지에 위치한 물건은 다니기에 불편해서 인기가 없습니다. 그러나 이 건물은 경사 초입에 위치해 있었고, 건축물 대장상 지하가 앞쪽에서는 1층으로

보여 상가 등으로 임대하기 좋겠다는 생각이 들었습니다. 건축법상 지하층은 용적률 계산에 포함되지 않으므로, 공간 활용과 수익성 모두 유리해 보였습니다. 기획하기에 따라서는 오늘의 단점이 내일의 장점이 될 수도 있는 것입니다.

대지는 165㎡49.9평, 기존 건물은 총 7가구가 사는 3층짜리 붉은 벽돌의 다가구 주택은 현재 지하 1층, 지상 5층의 근린생활 시설 및 주거용 시설로 구성했으며, 2019년 6월 준공 예정으로 마감 공사 중입니다.

이 같은 수익형 부동산의 공사 원가는 시중에서 볼 수 있는 공산품과 다를 바 없습니다. 하나의 상품을 만들기 위해 원재료비와 노무비, 경비 등 원가가 구성되면, 이에 맞게 판매가격을 결정해야 합니다. 상품성과 수익성을 고려해야 하는 것은

철거 후 신축

사업명 24'Corner

면적   대지 165㎡

       연면적 492.23㎡

용도   지하 1층~ 지상5층

       근린생활 시설

       및 주거용 시설

물론입니다.

판매할 수 있는 상품 가격대가 어느 정도 형성되어 있으므로, 원가 중에서도 가장 중요한 것은 토지 가격이라 하겠습니다. 원가를 구성하는 시공비재료비＋노무비는 거의 고정되어 있으므로 토지가에 따라 상품을 개발할지 말지 결정해야 합니다. 토지만 계약하면 70% 이상 사업이 진행되었다 봐도 무방합니다. 그만큼 토지 가격이 중요합니다.

문제는 서울 시내 토지 가격은 몇 해 전에 비해 많이 올랐다는 것입니다. 그리고 저렴한 땅이라고 해서 무조건 좋은 것도 아닙니다. 입지가 좋지 않다면 가격이 싼들 개발할 이유가 없습니다.

위에서 소개한 두 곳은 모두 교통 접근성이 매우 우수했습니다. 특히 역삼동의 경우 건물을 짓기에는 면적이 많이 작았지만 그 덕분에 토지 매입이 유리했습니다.

도심 곳곳에 면적이 협소한 이런 땅들이 숨어 있습니다. 저의 강점은 이런 작은 땅을 최대한 활용하여 컨셉과 목적성이 뚜렷한 건물을 짓는다는 것입니다. 그리고 기획 + 금융 + 시공 + 임대 + 매각 + 세금까지, 개발의 전 과정에 참여합니다. 지난 세월 동안 소형 부동산을 중점적으로 개발하며 쌓아온 경험을 공유할 계획도 가지고 있습니다.

가장 잘하는 것이 곧 경쟁력입니다.

앞으로 부동산 공부를 한다면, 자신의 아이덴티티를 발견하고 나아가 나만의 경쟁력을 찾아나가는 공부를 해나가길 당부합니다.

부동산을 통해 큰돈을 벌었다는 이야기를 심심찮게 듣습니다.

연예인이 부동산으로 수십억을 벌었다는 둥, 부동산 재벌이라는 둥, 재산 가치가

얼마라는 둥의 이야기가 하루를 멀다 하고 매체들을 장식합니다.

이런 뉴스들은 평범한 우리들의 가슴을 공허하게 만들곤 합니다. 부동산이란 범접할

수 없는 대상인 것처럼 여겨집니다.

그러나 저는 의문을 품고 있습니다. 과연 투자한 본인들은 얼마나 이해하고 투자한

것일까요? 부동산을 잘 이해하지 못하고 단지 개발 이슈가 있단 말에, 또는 강남의

노른자 땅이라서 산 부동산 투자 경험이 과연 얼마나 가치 있는 것일지 의문이

듭니다.

우리가 관심을 가지고 공부해야 할 부동산은 이런 종류의 것이 아닙니다.

2001년 후반, 처음으로 부동산 경매를 접한 이후 현재까지 부동산과 관련된 일을

하고 있습니다. 처음 시작할 때는 무엇부터 공부해야 할지 막막하고 답답했습니다.

그때 저는 여러분과 마찬가지로 등기사항전부증명서가 무엇이며 어떻게 보는 것인지

전혀 몰랐습니다.

무슨 일이든 좋은 결과를 얻기 위해서는 시간과 노력이라는 대가가 필요합니다.

어쩌다가 이 길에 들어서서 현재는 토지와 건물이라는 재화를 가지고 좋은 상품을 만들기 위해 고민하는 입장이 되었습니다.

요즘은 주변의 여러 지인들, 같이 부동산을 공부하는 친구들을 상담하는 일이 많아졌습니다. 그런데 어느 날 누군가가 이런 고민을 말하는 것이었습니다.

"당장 투자할 건 아니라도 관련 공부를 해야겠다는 생각은 드는데 어디서 어떻게 시작해야 할지 모르겠어요."

문득 아무도 조언해주는 이 없었던 저의 18년 전이 생각났습니다. 그리고 나서 관련 책과 강좌들을 살펴보니, 막연하게 투자하면 큰돈을 벌 수 있다는 생각을 심어주는 내용들뿐! 평생을 마주해야 하는 생존의 필수요소로서 부동산, 우리 인생에 중대한 영향을 미치는 기본 교양으로서 부동산에 관한 정보는 거의 없다는 것을 알았습니다.

이 책의 전반부에서는 위험에 대비하기 위한 교양을, 후반부에서는 올바른 투자 가치관과 관련된 교양을 이야기합니다. 이 두 가지는 떨어져 있지 않습니다. 모두 알다시피 집은 의식주 중 주(住)에 해당합니다. 내가 사는 집만 주(住)가 아닙니다. 투자 목적으로 산 집이나 건물 또한 그곳에 사는 세입자들에게는 소중한 삶의 터전입니다.

그런 의미에서 부동산에서는 투기가 허용되어서는 안 됩니다. 자신을 위험에 빠뜨릴 수 있을뿐더러 타인의 재산과 삶의 터전을 위협할 수 있습니다. 이런 점을 이해해야 합니다.

가끔 투자와 투기를 구분 못 하고 맹목적으로, 오로지 수익률만을 좇아 투자를 시작하는 이들이 있습니다. 부동산뿐 아니라 주식, 가상화폐 등 투자 혹은 투기의 대상은 다양합니다. 그런데 특히 부동산의 경우 정부 정책이 투기를 부추긴다는 생각이 듭니다. 2000년대 초중반을 넘어가면서 서울 강남 일대와 수도권 지역 아파트값이 폭등한 것은 모두 아는 사실입니다. 거의 20년이 지났고 몇 번의 정부가 바뀌었지만 똑같은 상황이 벌어지고 있습니다. 개개인마다 관점과 생각이 다를 수 있으나 필자는 정책 실패가 가장 큰 요인이지 않을까 합니다. 예를 들어 서울 강남권 재건축 아파트의 초과이익환수에 대한 예상금액을 발표한 순간, 그것은 앞으로 입주할 아파트값을 인정하는 결과를 초래했습니다. 강남권 아파트의 가격 상승을 부추기는 요인이 되었다고 생각합니다.

그 결과 부동산은 일반 서민들이 접근할 시장이 점점 줄어들며, 상위 계층의 투기 수단으로 전락하고 있습니다. 이런 상황에서 우리는 어떻게 부동산 시장을 바라보며,

또 어떻게 해야 진입할 수 있을까요?

관점을 바꿔야 합니다.

이제는 부동산을 하나의 상품으로 봐야 합니다. 단순히 주택 형태에 따라 아파트니 단독이니 상가니 하며 분류하여 보는 데서 벗어나야 합니다.

우리는 필요한 상품을 마트, 백화점, 온라인 쇼핑몰 등을 통해 구매합니다. 구매 시 필요한 상품의 특성을 이해하고 삽니다. 그런데 부동산은 어떻습니까? 부동산을 살 때도, 개발할 때도, 팔 때도 이런 점을 고려해야 합니다. '신도시니까 오르겠거니', '아파트는 결국 불패라던데', '좋은 자리니까 나중에 권리금 받고 팔수 있겠지' 같은 막연한 기대로 투자하다가는 낭패를 볼 수 있습니다. 항상 일이 내가 원하는 대로만 흘러가는 것은 아닙니다. 상품에 하자는 없는지 꼼꼼히 볼 줄 알아야 하고, 믿을 만한 물건인지 등 여타 상품을 볼 때처럼 부동산이란 상품을 판단할 수 있어야 합니다. 나아가 남들과는 다른 발상과 접근법으로 '좋은 상품'을 만들어야 합니다.

부동산이라는 상품의 현명한 소비자이자, 훌륭한 공급자가 되십시오. 여러분의 오늘과 내일에 응원을 보냅니다.